Daniela Michaelis, Gerhild Bachmann (Hg.)

Lebenslanges Lernen – freudvoll und integral

INTEGRALE PÄDAGOGIK

herausgegeben von Daniela Michaelis

ISSN 1869-7607

1   *Daniela Michaelis und Gerhild Bachmann (Hg.)*
Lebenslanges Lernen – freudvoll und integral
ISBN 978-3-8382-0063-7

Daniela Michaelis, Gerhild Bachmann (Hg.)

LEBENSLANGES LERNEN
– FREUDVOLL UND INTEGRAL

ibidem-Verlag
Stuttgart

Bibliografische Information der Deutschen Nationalbibliothek
Die Deutsche Nationalbibliothek verzeichnet diese Publikation in der
Deutschen Nationalbibliografie; detaillierte bibliografische Daten sind im
Internet über http://dnb.d-nb.de abrufbar.

Bibliographic information published by the Deutsche Nationalbibliothek
Die Deutsche Nationalbibliothek lists this publication in the Deutsche Nationalbibliografie;
detailed bibliographic data are available in the Internet at http://dnb.d-nb.de.

Gedruckt mit Unterstützung der Universität Graz

∞

Gedruckt auf alterungsbeständigem, säurefreien Papier
Printed on acid-free paper

ISSN: 1869-7607

ISBN-10: 3-8382-0063-2
ISBN-13: 978-3-8382-0063-7

© *ibidem*-Verlag
Stuttgart 2010

Printed in Germany

Inhaltsverzeichnis

Vorwort

Selfcare als eine Ressource für die Schule im 21. Jahrhundert ist das Thema, das uns anregt darüber nachzudenken, wie eine neue Qualität des Miteinander gelebt werden könnte. Das Alte reicht nicht mehr aus, um den Anforderungen einer Pädagogik in der heutigen Zeit mit den gesellschaftlichen Trends von Wettbewerb, Konkurrenz und Individualisierung u.a. gerecht zu werden. Es ist notwendig, sich auf neue Denk- und Handlungsweisen einzulassen. Dies stößt natürlich auf Widerstände und Schwierigkeiten aufgrund des Trägheitsmomentes in jedem Menschen. Gleichzeitig wünschen wir uns gerade für die Schule neue Wege, die der heutigen Jugend entsprechende Unterstützung geben können. Die vorliegende Herausgeberreihe bietet zunächst eine Einführung in das Fachgebiet der integralen Pädagogik. Das integrale Paradigma und deren Wirkung auf die Schule wird differenziert vorgestellt, allmählich weiterentwickelt und vertieft.

Im Zusammenhang mit der Globalisierung verändern sich die Herausforderungen an Bildung. Dies zeigt sich allein schon daran, dass jede Schulklasse interkulturell zusammengesetzt ist und neue Qualifikationen von Lehrer/innen einfordert. Damit wird klargelegt, dass die Globalisierung auch den Bildungssektor erreicht hat. Dies erfordert Veränderungen im Verhalten und im Denken. Die Frage, die sich stellt ist, wie wir uns neuen Situationen und Erwartungen anpassen können? Sind wir lernfähig genug? Dazu sollten wir besonders unsere Fähigkeit Neues wahrzunehmen verbessern, also unser Handlungspotential und unser Kompetenzprofil verändern. Ein Kennzeichen der Globalisierung drückt sich im Schlagwort Entgrenzung aus. Grenzen fallen aber sie verschwinden nicht - am wenigsten die Grenzen im Kopf. Grenzen haben Gründe. Bei allem, was wir tun, lassen wir uns von dem leiten, von dem wir meinen, es brächte uns Vorteile. Wir repräsentieren einen postmaterialistischen Lebensstil, der das Wohlergehen des Einzelnen über das der Gemeinschaft stellt. Doch das Wohl des Einzelnen hängt mit dem Wohl der Gemeinschaft zusammen. Daraus ergibt sich schon eine wesentliche Kompetenz für die Welt der modernen Globalisierung. Dies wird als Relativitätskompetenz bezeichnet, d.h. sich seiner Bedingtheit und Abhängigkeit, aber auch seiner Möglichkeiten und Freiheiten bewusst zu werden (vgl. Lenz 2010).

Lernen findet überall dort statt, wo sich Menschen im Dialog begegnen. Dies kann in klassischen Bildungs- und Weiterbildungseinrichtungen ebenso wie in Vereinen, in Betrieben, am Arbeitsplatz, aber auch informell in Gesprächsrunden sowie im alltäglichen Lebensvollzug erfolgen. Der Dialog kann aber auch indirekt, vermittelt über Medien und Bücher, Zeitungen und im Internet stattfinden (vgl. Lenz 2010).

Die Idee einer integralen Schule als Zukunftsmodell steht in dieser Betrachtung im Vordergrund. Wege zur Zufriedenheit im Lehrberuf, sowie zu Selfcare für Lehrer/innen sind ein großes Anliegen. Dies geschieht, indem Breema® als Methode vorgestellt wird, die Anwendung in der Schulpraxis finden kann und die neun universalen geistigen Prinzipien dahinter, die helfen, neue bewusstere Akzente im Alltagshandeln zu setzen. U. a. wird auch die humanistische Pädagogik im integralen Paradigma, welche den Aspekten der Freiheit, Wertschätzung, der Würde und Integrität von Personen größtes Gewicht beimisst, für die Lehrer/innenbildung thematisiert. Einige Aspekte zur Selbstreflexion in der Ausbildung von Kindergärtner/innen werden dargelegt und als eine Komponente integraler Arbeit anhand des Modells von Ken Wilber (2001) vorgestellt. Es ist uns wichtig anzumerken, dass die Beiträge unabhängig voneinander gelesen werden können. Einige Wiederholungen das Quadrantenmodell betreffend sind bewusst mehrmals angesprochen.

Die internationale Diskussion in der Europäischen Union geht von einem sehr weiten Begriff des lebenslangen Lernens aus. Dieser schließt das Bildungswesen insgesamt, aber auch die alltäglichen Lernerfahrungen der Menschen, das informelle Lernen, mit ein. Lernen und Bildung stehen mit Lebenschancen, sozialem Status, Gesundheit, Beruf und Verdienst in Zusammenhang. Gefragt ist das Menschenbild des flexiblen, mobilen Menschen (vgl. Lenz 2009). Lebenslanges Lernen verspricht, sich ein Leben lang lernend mit neuen Situationen und Problemen aus Neugier, Interesse und Notwendigkeit beschäftigen zu können und jede Lernform bekommt durch lebenslanges Lernen ihre Bedeutung. Bildung heißt, sich im Denken und Handeln zu orientieren, Entscheidungen zu treffen und die Folgen zu reflektieren sowie neue Argumente zu suchen. Bildung ist ein lebensbegleitender und integrierender Prozess und ist Arbeit an sich selbst. Bildung drückt den Prozess und Zustand der Selbstkultivierung des Menschen aus (vgl. Lenz 2007). Ziele des

Bildungswesens sind das Prinzip des Förderns in den Mittelpunkt zu stellen und das Denkmodell des Selektierens und Verurteilens mehr und mehr fallen zu lassen. Die nordeuropäischen Länder wie Finnland und Dänemark sind wegweisende Modelle für eine fördernde und persönlichkeitsbildende Pädagogik vom Kindergarten an. Bilden heißt sich selbst entwerfen, erproben, wagen, mitgestalten durch unsere eigenen Erfahrungen und unser Erleben, unsere Erziehung und Umwelt. Bildung muss neugierig machen, sie soll uns Freude bereiten und eine tief gehende Befriedigung erzeugen (vgl. Gruber 2007). Lebenslange Lernkonzepte werden heute als geeignet angesehen, flexibel auf alle Anforderungen der Arbeitswelt zu reagieren. Lernmotivation baut auf erfolgreichem, vorangegangenem Lernen auf.

Mit der Entgrenzung des Lernens in Richtung informeller Lernprozesse wird in der Erwachsenenbildung darauf hingewiesen, dass nicht nur die Sachebene der Bildung, sondern auch die informelle Bildung wesentlich ist. Hier geht es um eine Integration aller vier Quadranten im Sinne nach Ken Wilber, weil Freude nur aufkommt, wenn eine Person wahrgenommen und wertgeschätzt wird für das, was sie ist und tut. Dies erfordert eine umfassende Menschenkenntnis und eine grundlegend humanistische Einstellung in jedweden Arbeitsprozess besonders bei leitenden Personen. Integral gesprochen mit Ken Wilber beeinflussen sich die vier Quadranten gegenseitig. Ein Ausdruck davon findet sich in der steigenden Bedeutung des biographischen Lernens, welches dem 1. Quadranten im Wilberschen Modell zugehört. Dieses zeichnet sich eben nicht dadurch aus, dass es inhaltlichen Vorgaben und institutionellen Bahnen folgt, sondern dadurch, dass es oft spontan, nicht voraussehbar und wenig kontinuierlich geschieht. Dabei ist die Balance zwischen persönlich bedeutsamem Lernen und sachlichen Informationen wesentlich.

Wir freuen uns mit diesem Buch den ersten Band zur Herausgeberreihe „Integrale Pädagogik" vorzulegen und wünschen, dass wir zu vielen Diskussionen und möglichen Umsetzungen im pädagogischen Bereich beitragen. Zur Verwirklichung dieses Buches haben besonders der Ibidem-Verlag sowie die Karl-Franzens-Universität Graz durch finanzielle Unterstützung beigetragen. Wir bedanken uns herzlich!

Graz, 2010   Daniela Michaelis und Gerhild Bachmann

Integrale Schule - Aspekte einer umfassenden Lernkultur

Daniela Michaelis, Gerhild Bachmann

Integrale Schule – ein freudvoller Lernort für alle

Die Integralpädagogik kann als ein neues wissenschaftlich eröffnetes Feld bezeichnet werden, welches inhaltlich und methodisch jeder Pädagogik innewohnend ist. Sie beleuchtet den westlich tradierten Wissenschaftsbegriff und erweitert ihn um Qualitäten, die man dem östlichen Verständnis zuordnen könnte, wie Achtsamkeit, inneres Gewahrsein, Transdisziplinarität, Zeitfreiheit (Jetzt), Intersubjektivität und Begleitung. Damit weist sie auf ein sich im Moment des Lebens ereignendes Lernen hin. Mit einer integralen Bildungspraxis wird in einem ganzheitlichen Verständnis gearbeitet und eine ungetrennte Handlungskultur des Lebens wird bewusst verstärkt. Philosophische, phänomenologische und naturwissenschaftliche Zugänge finden Berücksichtigung und heben die Trennung des Entweder-oder-Diskurses auf. In dieser Haltung erweitert sich der Denkrahmen in neue Paradigmen hinein, welche in der Fachliteratur mit prätranspersonalem (PTP) und transpersonal-integralem Paradigma (TIP) umschrieben werden.

Integrale Schule als Zukunftsmodell verlangt von den Menschen, die in einer Schule arbeiten, leben und lernen eine grundlegende Bereitschaft, Lernen als Prozess zu betrachten, der sich auch bei den Lehrer/innen täglich fortsetzt. Das bedeutet, sich lebenslang immer wieder neuen Betrachtungen zu stellen. Dies betrifft innere, persönlichkeitsbildende Prozesse sowie auch Reflexionen zum Unterrichtsgeschehen. Des weiteren sind die Lehrer/innen gefordert, notwendige Veränderungen im Hinblick auf die Parameter einer lebenslang Lernen fördernden Schule zu realisieren. Dazu gehört, dass Lehrer/innen als lernende Subjekte beim Lernen in lernenden Organisationen wesentlich beteiligt sind. Es geht um das Lernen von Menschen und Systemen. Das heißt, das Lernen der Individuen und das Lernen der Organisation als Gesamtsystem gehen Hand in Hand. Senge (1996, S. 139) postulierte bereits vor 20 Jahren, dass „organisations learn only through individuals who learn. Individual learning does not guarantee organizational learning. But without it no organizational learning occurs". Des weiteren nennt er fünf Disziplinen für eine lernende Organisation. Dazu zählen mentale Denkmodelle, eine gemeinsame

Vision als identitätsbildende Funktion, persönliche Kompetenz und Teamlernen als Basis für eine gemeinsame Vision sowie systemisches Denken als erster Schritt in eine holistische Erfassung von Zusammenhängen. Diese Ausführungen von Senge (1996) in Bezug auf lebenslanges Lernen und die Weiterbildung für Lehrer/innen drücken eine sehr ganzheitliche Schau auf Schulentwicklung aus.

Auch Heintel (2004, S. 11) stellt fest, dass das Einüben in kollektive Selbstreflexion schwierig ist, genauso wie individuelle Selbstreflexion kaum durchgeführt wird. Sicherlich hängt dies mit Ängsten vor Umorientierung zusammen. Dennoch ist es notwendig, dass die Lehrperson ein lernendes Wesen ist und bleibt, welches auf Veränderung mit lebenslangem Lernen im Sinne einer lebenslangen Weiterbildung antwortet. Es scheint wesentlich, dass der/die Lehrer/in diesen Wandel grundsätzlich bejaht, sowie eine integrative Haltung einnimmt. Diese stellt neue Herausforderungen für Lehrer/innenprofessionalität und die künftige Lehrer/innenausbildung dar. Das integrale Denkmodell geht somit einen Schritt über das systemische Modell hinaus und stellt große Anforderungen an Lehrer/innen in ihrer Persönlichkeitsentwicklung. Transpersonale Sichtweisen werden nicht mehr ausgeklammert, sondern als wesentlicher Faktor integriert.

Die Schule der Zukunft wird eine Schule der Gegenwärtigkeit. Unlebendige, pädagogische Maßnahmen sind nicht länger aufrecht zu erhalten, da wir uns in eine völlig neue Zeit bewegen, die ganz andere Möglichkeiten für Lehrer/innen und Schüler/innen bietet. Gleichzeitig verlangt sie von den Lehrenden ein sich Wandeln in eine authentische Persönlichkeit, die von den Schüler/innen als ehrlich und echt wahrgenommen wird. Dadurch kann ein natürlicher Respekt dem Lehrer/der Lehrerin entgegengebracht werden. Dies definiert Autorität von innen her und erfordert eine tiefgreifende Bewusstheit über die eigene Persönlichkeit. Schüler/innen reagieren auf solche Lehrpersonen ebenso authentisch und dies scheint die Basis für ein erfreuliches Miteinander zu sein. Wir zeigen in diesem Beitrag einige Aspekte auf, um einer grundlegend freudvollen und entwicklungsfördernden Haltung der Lehrer/innen eine theoretische Grundlage anzubieten sowie auch praktische Anregungen zu geben.

Was ist eine integrale Schule?

In einer integralen Schule kommen viele Bedeutungsebenen der Achtsamkeitskultur zum Tragen. Basierend auf der Achtsamkeitskompetenz der Lehrer/innen erleben und entwickeln die Schüler/innen Wertschätzung, Fürsorge, Bewusstheit und Sensibilität. Im Sinne einer ganzheitlichen Betrachtungsweise wird neben der Verstandesebene auch das intuitive, wortlose bzw. individuelle, emotionale und soziale Erfahren, Verstehen und Handeln integriert (Pickl/Preuschl 2008, S. 205). Dies sei als Werthaltung einer integralen Schule vorangestellt. Wesentlich ist, dass alte Paradigmen losgelassen werden können, sodass sich der/die Lehrer/in davon innerlich distanziert und erkennt, dass das neue Denken in einem ganzheitlichen Sinne neue Handlungsmöglichkeiten in der Schule eröffnet. Dies bedeutet eine Transformation im Bewusstsein der Lehrperson. Damit der Mut für eine solche Wandlung möglich wird, ist Hintergrundwissen und Verstehen notwendig, sodass Vertrauen wachsen kann. Dieses „neue Denken" könnte weitreichende Auswirkungen auf die Schulkultur und Bildungslandschaft haben.

In einer **integralen Schule**

- lernen Lehrer/innen auch von Schüler/innen,
- besteht große Freiheit,
- sind Konflikte der „Motor" der Weiterentwicklung,
- sagen Handlungen mehr als Worte,
- ist Schule Leben und Leben Schule,
- ist Authentisch-Sein gefragt,
- ist gegenseitige Unterstützung die Norm,
- ist die Zukunft Jetzt (vgl. Pickl/Preuschl 2008, S. 217).

Für das prätranspersonale und transpersonal-integrale Paradigma gibt es Grundqualitäten, die mehr in den Blickpunkt kommen sollten. Es sind die einfachen Dinge, die jeder Mensch aus seinem Leben kennt, besonders aus der Begegnung mit kleinen Kindern oder vielleicht im Sein in der Natur, wo manchmal ein Sonnenuntergang oder ein aufkeimendes Blatt einen Zustand auslöst, der kostbar ist, der normalerweise im Unterricht verschwiegen und nicht für wichtig erachtet wird. Damit unterdrücken wir den ganz wichtigen Aspekt des persönlichen, emotionalen Erlebens und Berührtseins. Ken Wilber (1998, 2001) weist in seinen Schriften deutlich darauf hin, dass es um die Akzeptanz aller Aspekte in der Entwicklung des Individuums geht.

Vor dem Eintreten in Haltungen eines transpersonal-integralen Paradigmas (TIP) sollen die Qualitäten des prätranspersonalen Paradigmas (PTP) bewusst gemacht werden. Denn erst wenn diese Ressourcen in der Lehrkraft geweckt sind, lässt sich eine integrale Schule mehr und mehr realisieren.

Anders Denken und Fühlen – neu Handeln: Prätranspersonales Paradigma (PTP)

Viele Bildungsforscher/innen denken darüber nach, wie in der Schule mehr Arbeits- und Lernfreude aufkommen könnte. Die Jugendlichen heutzutage fordern ganz andere und neue Angebote ein, die Lehrer/innen und Bildungsexpert/innen noch nicht als Schüler/innen erlebt haben. Es ist eine große Herausforderung den heutigen Schüler/innen einigermaßen gerecht zu werden und verlangt von den Lehrer/innen differenzierte Wahrnehmungen zu entwickeln, um echte Begleiter/innen für die heutige Jugend zu sein. Dies erfordert es zunächst, den eigenen Denkrahmen zu hinterfragen und die passende Theorie bzw. das geeignete neue Paradigma zu finden.

Die Annahmen über eine bestimmte Denkwelt haben sich in der Vergangenheit in verschiedenen Disziplinen immer wieder geändert. Thomas Kuhn, Vater der Paradigmenwelten, gibt dazu Hintergrundwissen. Kuhn meint mit Paradigma ein vorherrschendes Denkmuster einer bestimmten Zeit. Dieses ist solange anerkannt, bis Phänomene auftreten, die mit der gültigen Lehrmeinung nicht mehr übereinstimmen. Neue Theorien werden gesucht und wenn sich diese durchsetzen, spricht Kuhn von Paradigmenwechsel (vgl. http://de.wikipedia.org/wiki/Thomas_S._Kuhn, Stand: 2009-11-30).

Wir gehen davon aus, dass sich ein traditionelles Paradigma nicht vollkommen überflüssig macht, sondern dass gewisse Parameter durchaus nützlich bleiben. Eine Weiterentwicklung in neue Dimensionen schließt das früher Gelernte nicht aus, verlangt allerdings eine Disidentifikation (z. B. das Aufgeben von überholten Gewohnheiten) und eine Transformation hinein in noch unbekanntes Terrain. Der Lohn ist, dass der Mensch mehr Freiheitsgrade in seinen Entscheidungen erlangt. Dies löst manchmal Angst aus und lässt den Energiefluss stoppen. Durch mehr Verständnis von dem, was da vor sich gehen könnte, nimmt vielleicht der Mut zu, es zu wagen.

Wir differenzieren **vier Denkmodelle der Wirklichkeit**:

- *das traditionell mechanistische Paradigma (TMP)*
- *das prätranspersonale Paradigma (PTP)*
- *das konstruktivistisch-systemische Paradigma (KSP)*
- *das transpersonal-integrale Paradigma* (TIP)
  (vgl. Michaelis/Mikula 2007).

Mit Michaelis und Mikula (2007) sprechen wir von einer Paradigmenspirale, die die unteren Paradigmen jeweils disidentifiziert, transzendiert und in das nächste Paradigma miteinschließt. Dieses Verständnis lehnt sich an Ken Wilber (1998, 2001) an.

Es geht in diesem Ansatz nicht um ein „Entweder-oder Denken", sondern um eine „Sowohl als auch" Haltung. Ein Entweder–oder-Denken ist im PTP eine überholte Sache und bietet die Grundlage für Respekt und Akzeptanz in aller Unterschiedlichkeit, in der wir als Menschen miteinander leben. Eine gute Theorie ist wichtig und lebendig wird alles in der praktischen Umsetzung in der Schule und im Unterricht. Hier wiederum ist die Lehrperson der Hauptfaktor, weil er/sie im Klassenzimmer darüber mitbestimmt, wie viel von dieser Lernfreude, Motivation, Kreativität und Lust auf Lernen von Schüler/innen im Ausdruck gelebt werden darf.

Wir wenden uns in diesem Beitrag verstärkt dem prätranspersonalen Paradigma (PTP) zu, das uns die potentiellen Möglichkeiten bewusst macht. Das prätranspersonale Paradigma legt klar, dass es um einen großen Schritt geht, der das Denken aus manchen Gewohnheiten löst. Eine Denk- und Handlungserweiterung eröffnet Lebensspielräume durch Vertrauen in das Neue.

Merkmale eines Unterrichts nach dem prätranspersonalen Paradigma:

Metaperspektive

Transzendenz

Transdisziplinarität

Gegenwärtigkeit

Inneres Gewahrsein

Zeuge sein – Beobachtung

Intersubjektivität

Erweiterte Achtsamkeit

Langsamkeit

Zeitfreiheit

Selbstsorge

Begleitung

(vgl. Michaelis/Mikula 2007, S. 41).

Aus dieser Aufgliederung stellen wir wichtige Aspekte in den Vordergrund, um die Qualität des prätranspersonalen Paradigmas zu beschreiben. Dadurch sollen neue Anregungen geliefert werden für Denkwelten, die dem Spaß und der Arbeitsfreude im Unterricht eine theoretische Basis geben. Dies erlaubt Lehrenden mit mehr Selbstbewusstheit und mehr Freude dem „eigenen inneren Kind" zu lauschen und ist eine wichtige Voraussetzung für eine angenehme Atmosphäre im Klassenzimmer. Denn Lehrer/innen sind das Modell, das diese Lebensressourcen im Klassenzimmer fühlbar und lebbar macht, wenn ihr Wahrnehmen bewusster wird. So könnten Schüler/innen den Lebensraum in der Schule finden, den sie sich in Form eines achtsamen und freudvollen Unterrichts wünschen und wo sie sie selbst sein können, ohne irgendwelchen nicht mehr zeitgemäßen Regeln folgen zu müssen. Durch Wertschätzung und Anerkennung werden im Gehirn Botenstoffe aktiviert, die zu großem Wohlbefinden führen können. Durch gemeinsames Erleben und Glücksempfindungen wird Freude an der Leistung geweckt.

Basierend auf diesem Paradigma werden folgende Aspekte empfohlen, um Arbeitsfreude in der Schule lebendig werden zu lassen.

Wesentliche Qualitäten des prätranspersonalen Paradigmas sind

- Achtsamkeit
- Respekt und Akzeptanz
- Staunen und Dialogfähigkeit
- Bewusstheit und Wachheit in der Rede
- Selbstreflexives Denken
- Spirituelles Wachstum, spirituelle Intelligenz
- Von der Ich-Identifikation zur Disidentifikation als Tor zur Erkenntnis (vgl. Michaelis/Mikula 2007, S. 41):

Bewusst weisen wir auf einfache im Schulunterricht zu verwirklichende Möglichkeiten hin und kommen zunächst zum Begriff des Staunens.

> „Und jedem Anfang wohnt ein Zauber inne"
> (Hermann Hesse)

Staunen

> „Das Schönste, was wir erleben können, ist das Geheimnisvolle. Es ist das Grundgefühl, das an der Wiege von wahrer Kunst und Wissenschaft steht. Wer es nicht kennt und sich nicht wundern, nicht mehr staunen kann, der ist sozusagen tot und sein Auge erloschen" (Einstein zit. n. Calaprice in Altner 2009, S. 90).

Staunen ist ein emotionaler Zustand als Reaktion auf Unerwartetes. Neurobiologisch ist es ein Zustand der Erregung, ein positiver, innerer Unruhezustand, der bisher Unbekanntes erforschen will und neugierig macht. Durch Staunen initiiertes Lernen ist intrinsisch motiviert, weil der Mensch inneres Gleichgewicht anstrebt. Die Art des Staunens kann verschieden gefärbt sein und wird von unterschiedlichen Emotionen begleitet.

Eine Lehrerperson, die sich dessen bewusst ist, wird Settings anbieten, in denen Schüler/innen ins Staunen fallen können und sich daraus selbst entwickelnde Lernräume auftun. Der/die Lehrer/in tritt in diesem Moment zurück und ist dann nur noch Begleiter/in dieses Staunensprozesses und unterstützt mental und physisch durch Präsenz den Vorgang. Dies fördert die Lernfreude, die ein wesentlicher Baustein auf dem Weg zur Wohlfühlschule ist. Solche Lehrkräfte sind auf dem Weg, integral Denkende und Handelnde zu werden.

> „Die größte Kunst ist, den Kindern alles, was sie
> tun oder lernen sollen, zum Spiel zu machen"
> (John Locke)

Lernfreude

Kleinkinder nehmen in den ersten Lebensjahren extrem viel Wissen auf und sind wahre „Lernmonster". Die kindliche Neugier ist die beste Motivation und die ungehinderte Wahl ist eine hervorragende Methode, um Wissen und Erfahrungen zu sammeln. Der kindliche Spieltrieb ist die Grundlage für die Kreativität und die unermüdliche Lernlust, weil im Spiel Fehler erlaubt sind und aus Fehlern ganz natürlich gelernt wird. So fällt ein kleines Kind tausendmal hin, bis es schließlich laufen kann und niemand findet einen Nachteil daran. All diese wunderbaren Eigenschaften verschwinden ganz schleichend im Laufe der Entwicklung und irgendwann ist der Satz „Du darfst keinen Fehler machen!" der oberste und jegliche Lernfreude vergeht. Und doch schlummert in jedem von uns noch das Kind, das den Keim des Spieltriebs kennt, den es nur zu wecken gilt, um uns auch als Jugendliche und Erwachsene wieder mit diesem „lernfreudigen Teil" in Kontakt zu bringen (vgl. Riedel 1995, S. 78f.).

Auch Altner (2009, S. 18) weist darauf hin, dass die Erfahrungen während der Schulzeit bei vielen Erwachsenen ihr natürliches Interesse an der Welt und aneinander begraben und die Freude am Lernen verschüttet wird. Lehrpläne waren vorherrschend, in denen kein Raum für die Verbindung zwischen Lernstoff zum wirklichen Leben war.

Es ist uns an dieser Stelle wichtig festzustellen, dass diese Lernfreude in jedem von uns existiert, dass wir uns nur dessen wieder zu erinnern brauchen, um den Wert dieser in jedem Menschen vorhandenen Quelle zu schätzen. Alte Lernparadigmen haben das Zulassen dieser Lernfreude oftmals verhindert und es ist an der Zeit, das traditionell-mechanistische Paradigma zu transzendieren und ihre positiven Aspekte wie Konzentration und Disziplin mit einzuschließen, ohne die Lernfreude zu unterdrücken. Beide Aspekte Lernfreude und Konzentration sind wertzuschätzen. Die Entweder-oder-Denkweise ist in der Realität der globalisierten Welt überholt und Lehrer/innen könnten eine Menge Energie sparen, wenn sie statt „Dompteur" der Lernfreude der Kinder zu sein, vielmehr zum/zur Begleiter/in dieses Entfaltungsprozesses werden, der den Kindern und sich selbst zur Freude gereicht.

> "The best idea to get a good idea
> is to get a lot of ideas"
> (Linus Pauling)

Kreativität

Ein weiterer Baustein auf der Reise zum „wirklichen Menschsein" ist der Ausdruck der Kreativität. Dies ist ein Bereich, der durch die hohe Vernetzungsfähigkeit des Gehirns in jedem Menschen angelegt ist, der aber ebenso wie die Lernfreude mittels Drill im Schulsystem des 19. Jahrhunderts oft ausgesperrt und als Störfaktor gesehen wurde. Dies hatte seine Auswirkungen noch bis in das 20. Jahrhundert, wenngleich einige Reformschulen und Reformbewegungen diese Ressourcen erkannt und umgesetzt haben.

Jetzt geht es um die Erkenntnis, dass es des Sowohl-als-Auch-Denkens bedarf und das Alte losgelassen, transzendiert und in das Neue integriert werden sollte. Das heißt Kreativität findet im Rahmen dessen statt, wo Ordnung und Konzentration möglich sind und es wird keines von beiden abgekoppelt. Beides geschieht aus einem Menschenbild heraus, das den Menschen auf dem Weg in seine Ganzheit unterstützt. Damit dient die Schule dem, dass der Mensch ein sich selbst entwickelnder Organismus ist. Kinder und Jugendliche benötigen Begleitung auf ihrem Weg zur Selbstverantwortung und Selbstdisziplin. Insofern sollten Lehrer/innen lernen mit ihren eigenen Sichtweisen und Überzeugungen zurückzutreten, um so als Coach und bescheidene/r Begleiter/in dem einzigartigen Entwicklungsprozess zu dienen.

Kreativität ist etwas, was wir in unserem Inneren entdecken dürfen, um es im Außen zu verwirklichen. Diese ist schwer zu definieren. Kreativität erwächst aus inneren Kräften, die Menschen in reichlichem Maße besitzen. Dazu gehört die Intuition, das ist die Fähigkeit etwas unmittelbar zu erkennen, ohne darüber nachzudenken. Eine andere Kraft ist der Wille, die Energie, die der Mensch zur Verwirklichung seiner Ziele mobilisieren kann.

Des Weiteren nennen Steiner und Perry (1997, S. 78) die Freude, die das reine Vergnügen an einer bestimmten Tätigkeit darstellt, was selbst schon Lohn genug ist. Kreativität ist das, was uns zu Schöpfer/innen, Entdecker/innen, Erfinder/innen, Künstler/innen und Genies werden lässt. Sie steckt in jedem von uns, sie wird nur meist nicht genutzt oder sogar blockiert.

In neueren Lernkonzepten mit aktivierenden Lernmethoden wird das „kreative Ich" im Lernenden angesprochen und trainiert. In vielen Phasen des Trainings werden die bewussten Gedanken angereichert durch Informationen aus dem Unterbewusstsein. Assoziation, Brainstorming, Konzentrations- und Entspannungsübungen, Lernkonzerte und Phantasiereisen stellen Brücken zum unterbewussten „Kreativitätsschatz" her und fördern den Ideenreichtum. Nur wer sich auf Neues einlässt, kann seine kreativen Möglichkeiten freudvoll ausschöpfen (vgl. Riedel 1995, S. 133f.). „Schule sollte zur Förderung der Kreativität beitragen und das selbstverantwortliche Handeln der Schüler/innen fördern. Dies bedeutet, dass die Schüler/innen eigene Ideen in der Schule mehr als bisher verwirklichen können" (Bachmann 2000, S. 232).

Ist Kreativität erlaubt, so ist auch fast immer intrinsische Motivation gegeben, weil mehr oder weniger von innen heraus und von selbst gelernt wird. Wir wollen nun einige Aspekte zum Thema Motivation beleuchten.

> „Zu wissen, wie man anregt,
> ist die Kunst des Lehrens"
> (Henri-Frédéric Amiel)

Motivation

Arbeitet ein Kind, so tut es dies nicht, um ein äußeres Ziel zu erreichen, sein Ziel ist das Arbeiten selbst. Das Kind ermüdet nicht an der Arbeit, sondern es wächst und es erhöht seine Energie. Der Erwachsene soll dem Kind helfen, aber nur, dass dieses seine Arbeit ausführen kann (vgl. Böhm 1991, S. 154).

Es ist jedem/jeder Lehrer/in in der Ausbildung untergekommen, dass die Motivationsforschung zwei wesentliche Richtungen unterscheidet, nämlich die extrinsische und die intrinsische Motivation. Wird die Motivation über äußere Faktoren hergestellt, in der Gesellschaft sind das Geld, Macht und Ansehen, im pädagogischen Kontext wären es Furcht und Bestrafung oder Lob und Belohnung, so sprechen wir von extrinsischer Motivation. Wird das Augenmerk aber auf die Person selbst gelenkt und auf deren selbstgesteuertes Lernen, das nur von außen unterstützt wird, was allerdings sehr wesentlich ist, so sprechen wir von intrinsischer Motivation.

Die Modellschule in Graz hat bereits in den 1980er Jahren ein Schulmodell entworfen, in welchem schulisches Lernen weitgehend intrinsisch motiviert ist.

Der damalige Schuldirektor Fritz Weilharter schreibt dazu in dem Buch „Was? Das kann ich auch..." folgendes:

Lernen und Leisten für sich selbst

- **Selbstbehauptung**
  wie z. B. Hilfe erbitten oder Wünsche äußern, positive und negative Gefühle ausdrücken;

- **Selbstbewusstsein**
  wie z. B. Wissen um die eigenen Möglichkeiten des Handelns im Umgang mit Stärken und Schwächen;

- **Selbstvertrauen**
  wie z. B. Haltung zur eigenen Leistungsentwicklung und – verbesserung;

- **Selbstverantwortung**
  wie z. B. Entscheidungen treffen, dazu stehen und etwas bewusst nicht tun;

- **Selbstwahrnehmung**
  wie z. B. Wahrnehmung der eigenen Bewegungen und spontane Befindlichkeiten;

- **Selbsteinschätzung**
  wie z. B. Einschätzung der eigenen Erlebnisfähigkeit oder Leistungsfähigkeit (vgl. Weilharter 1992, S. 50f.).

Diese Selbstkategorien sind im Kontext des sozialen Systems zu sehen, in welchem Lehrer/innen und Schüler/innen in ständiger Wechselbeziehung stehen. Das heißt Lehrer/innen und Schüler/innen nehmen sich selbst in drei Bereichen wahr: der Individualebene, der Interaktionsebene und der Systemebene. Dies deckt sich großteils mit den Räumen, die Ken Wilber (2001) in seinem integralen Modell erwähnt. Die vier Quadranten sprechen die Innen- und Außenperspektive an, die auf das Leben jedes Menschen einwirken.

Lernen und Leisten stärkt den Menschen in seiner Selbstbewusstwerdung und diese wird erhöht durch die intrinsische Kraft von Freude, Lust und Begeisterung am Lernen. Lehrer/innen haben eine Vorgaberolle, die selbstmotiviertes Handeln bei sich selbst und auch bei den Schüler/innen fördern soll. Generell heißt dies in der Schule Freiräume schaffen, Abschiednehmen vom Machtanspruch und die Hinwendung zu einem Autoritätsverständnis, das sich auf Vorleben, Vorbildsein, human führen und offen handeln stützt.

Es geht in der Lehrer/innenausbildung darum, dass Lehrer/innen verstärkt Fähigkeiten entwickeln, um das Unterrichtsgeschehen beratend und begleitend als kompetente Social Manager zu gestalten und Hindernisse schrittweise und konsequent reduzieren. Es geht um ein Abschiednehmen von der Verlockung zu glauben, dass erfolgreiches Lehren und Lernen nur geschieht, wenn der gesamte Lehrstoff über die Lippen der Lehrenden fließt, um bei den Schüler/innen trefflich anzukommen (vgl. Weilharter 1992, S. 54).

Eine andere wichtige innere Haltung der Lehrpersonen, die in das Bewusstsein gebracht werden sollte, ist die Achtsamkeit, die geübt und geschult werden kann. Jeder Mensch verfügt darüber in mehr oder weniger großem Ausmaß. Bis vor kurzem wurde dieser Begriff zu wenig als pädagogisch relevante Größe zur Sprache gebracht.

> „Achtsamkeit ist der Schlüssel zum Glück"
> (Ayya Khema)

Achtsamkeit

Die Art, wie wir kommunizieren, teilt mit, ob wir machtfrei oder machtausübend sind über eine andere Person. Durch die Art der Kommunikation verändern sich die jeweiligen Beziehungen untereinander. Nur durch die Bewusstwerdung dieser Tatsache können überhaupt menschenwürdige Gespräche stattfinden und Gleichberechtigung sowie Gleichwertigkeit Wirklichkeit werden. Es gibt verschiedene Auswirkungen der Achtsamkeit. Einerseits wirkt sie innerhalb der eigenen Person, wie achtsam bin ich mit mir selbst und andererseits wirkt Achtsamkeit im zwischenmenschlichen Kontakt. Je mehr Achtsamkeit in einer zwischenmenschlichen Kommunikation stattfindet, desto weniger Gewalt liegt vor. Achtsamkeit fördert den Aufbau eines freundschaftlichen Verhältnisses mit der eigenen Person, woraus das Gefühl einer sicheren Verbundenheit mit anderen erwachsen kann (vgl. Altner 2009, S. 11).

Burow weist außerdem darauf hin, dass Kreativität durch innere Achtsamkeit gestärkt wird. Nach Burow (1999, S. 94) ist „ein Schlüssel zur Freisetzung der eigenen Kreativität die Achtsamkeit und das Bewusstmachen der grundlegenden Wahrnehmungsmuster, die unser Handeln leiten". „Mit dem Wunder der eigenen Achtsamkeit vertraut zu werden, dieses Wunder zu bemerken, ist die ‚wichtigste Kreativitätstechnik'" (Karl-Heinz Brodbeck zit. n. Burow 1999, S. 94).

Ein Bild zur Achtsamkeit, wie sie in der Innenwelt einer Person wirken kann, wird im Folgenden von Ayya Khema beschrieben:

Es heißt, wer achtsam ist, dem geht es immer gut. Wer Achtsamkeit übt, der wächst im Glück. Achtsamkeit ist eine der wichtigsten Eigenschaften, ohne die das Leben nicht richtig laufen kann. In einem östlichen Verständnis wird Achtsamkeit auch als ein Schlüssel zu mehr Glück bezeichnet. Meditation als eine Form der Achtsamkeitsübung ist durch fünf spirituelle Fähigkeiten umschrieben, die bildlich einer Pferdekutsche mit Fünfergespann entsprechen. Das Leitpferd kann traben, so schnell es will und gibt das Tempo an. Dieses Leitpferd ist die Achtsamkeit. Das eine aneinandergekoppelte Paar entspricht der Energie und Konzentration. Zuviel Energie ohne Sammlung bringt Unruhe, aber bei Konzentration ohne Energie schlafen wir ein. Das zweite Pferdepaar symbolisiert Weisheit und Vertrauen. Die beiden aneinandergekoppelten Pferdepaare müssen vollständig balanciert laufen, sonst kippt die Kutsche um. Wir brauchen ein balanciertes Gleichgewicht. Wenn diese beiden sich nicht die Waage halten führen sie entweder zu kopflastigem Verstehen oder blindem Glauben. Beides ist unvollständig. Wir können uns nur dann voll entwickeln, wenn sich Weisheit und Vertrauen gleichermaßen entfalten dürfen. Wissen kann sich nur dann zu tiefer Weisheit entwickeln, wenn auch das Herz beteiligt ist, ansonsten bleibt es immer nur intellektuelles Verständnis (vgl. Khema 1994, S. 122 zit. n. Michaelis 1996, S. 3).

Ist Achtsamkeit als Kriterium akzeptiert, ist dies eine Haltung, die mir erlaubt über mich selbst nachzudenken schon nahegerückt. So entsteht der Raum, den wir Selbstreflexion nennen.

Selbstreflexion

Nach dem Modell von Ken Wilber (2001) ist Selbstreflexion das wesentliche Kriterium, um in ein integrales Bewusstsein zu gelangen. Erst dadurch kommt ein Mensch in das Verstehen von integralem Denken und kann seine Perspektiven erweitern. Zuvor ist der Mensch stark identifiziert mit seinen täglichen Gewohnheiten, dass er kaum auf die Idee kommt, darüber nachzudenken, ob es anders gehen könnte und es andere Handlungsperspektiven gibt.

Selbstreflexives Denken bedeutet die Erweiterung der Selbstwahrnehmung durch Aufdeckung der emotionalen Aspekte und das Wissen über Zusammenhänge stetig zu reflektieren und zu analysieren. So werden eigene Entscheidungs- und Handlungsspielräume erweitert und dies stärkt und akzeptiert den Umgang mit sich selbst. Man könnte es auch als Selbstsorge bezeichnen, die auf Wachstum und Entwicklung gerichtet ist. Solche Veränderungsprozesse erfolgen sehr langsam, brauchen enorm viel Zeit und es bedarf einer „integralen Vision". Es ist wichtig, sich selbst Zeit zu geben für Reflexionen sowohl des privaten als auch des beruflichen Lebens. Dazu ist es notwendig, sich selbst Ziele zu definieren. Diese Ziele in einem integralen Verständnis des Wachstums sind eng mit dem humanistischen Menschenbild verbunden. Verschiedene Methoden und eigene reflexive Praxis, wie sie beispielsweise von Michaelis und Mikula (2007, S. 42f.) beschrieben werden, geben Sicherheit sowohl im persönlichen Auftreten als auch im Unterricht, damit mehr Freude und Selbstzufriedenheit im Leben fühlbar wird. Arbeit mit dem kreativen Potential, die Differenzierung der Wahrnehmungsfähigkeit, die Vergegenwärtigung der eigenen Bildungsbiografie und der spezielle Umgang mit Widerstand werden erfahrbar und reflektierbar gemacht. Es gibt immer mehr Lehrer/innen, die in ihrer Freizeit Selbsterfahrungsausbildungen absolvieren und dort lernen, mit sich selbst anders umzugehen. Eine Möglichkeit, das zu lernen, um auf einer Erfahrungs- und Reflexionsebene dem integralen Handeln näher zu kommen, bietet die Gestaltpädagogik (Burow/Gudjons 1998; Reichel/Scala 2005). Viele Lehrer/innen stoßen in ihrem alltäglichen Unterricht häufig an ihre Grenzen. In der Literatur findet man vielfach qualitative Interviewaussagen von Lehrer/innen, worin problematische Erfahrungen protokolliert sind. Stellvertretend für viele wird hierzu ein Beispiel genannt.

„Mir wird bewusst, dass ich mich viel zu sehr für Schüler verantwortlich fühle. Ich glaube, ich bin ein sehr strenger Lehrer, manchmal sogar unerbittlich. Ich kontrolliere sehr häufig, bestrafe ziemlich rasch... Ich spüre selbst den Druck, den ich mir mache. Ich akzeptiere mich nur, wenn ich etwas leiste. Und genau den Druck gebe ich an die Schüler weiter. Ich akzeptiere sie nur, wenn sie Entsprechendes leisten. Wenn ich ganz ehrlich bin, möchte ich das eigentlich gar nicht (nach einer längeren Pause). Mein Vater hat mich nur akzeptiert, wenn ich gute Noten heimbrachte... Gelobt wurde nie, kritisiert fast immer" (Miller 2005, S. 193).

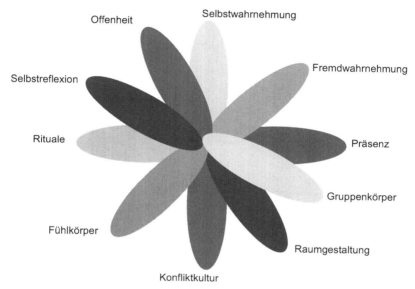

Abb. 1: Integrales Handlungsspektrum von Lehrer/innen (vgl. Girg 2007, S. 291)

Im integralen Verständnis sind diese Haltungen des Erkennens der große Schatz, mit dem reflexiv und disidentifizierend in der Folge gearbeitet werden kann. Ein/e Lehrer/in mit integralem Verständnis ist sich bewusst, dass er/sie ein Lernender ist und durch die Reflexion gestärkt und selbstbewusster hervorgehen kann. Klar ist, dass dies am Anfang in Gruppen und mit einem Trainer oder einer Trainerin geschehen soll, da es in der eigenen Lernbiografie und in der Lehrer/innenausbildung noch kaum vorkommt. Das Handlungsspektrum von Lehrer/innen, die auf dem Weg zu einer integralen Schule sind, könnte man in einem Bild einer Blume sprechen lassen (Abb. 1.).

Folgende reflexive Fragestellungen können hilfreich sein für einen „bewussten" Unterricht, damit ein Wohlfühlen für alle in der Schule Wirklichkeit wird.

Reflexionsfragen für den alltäglichen Gebrauch

Beim Tagesbeginn
Was kräftigt mich für den Tag?
Was tut mir gut?
Wie bleiben die Schultasche und ich selbst leicht?

Der Weg zur Schule
Welche Gedanken habe ich auf dem Weg zur Schule?
Wer oder was begegnet mir?
Was ist heute neu?
Worüber kann ich mich auf dem Weg freuen?

Das Eintreten und Ankommen in der Schule
Welche Bilder nehme ich wahr?
Was verändert sich in mir beim Hineingehen in die Schule?
Wie bereite ich mich auf die ersten Kontakte innerlich vor?
Habe ich einen Ort, um innerlich in der Schule anzukommen?
Wie gehe ich mit den Erwartungen der Schüler/innen und Kolleg/innen an mich um?
Welche Vorstellungen habe ich von den anderen?

Sein im Unterricht
Welche Worte wähle ich?
Wie fühle ich meinen Körper?
Wie lasse ich den Anderen er/sie selbst sein?
Lass ich mich durch unvorhergesehene Dinge bewegen?

Herausgehen aus der Schule
Welche Aufgaben nehme ich aus der Schule mit?
Was verändert sich, wenn ich das Schulhaus verlasse?
Wo lege ich Schweres ab?
Was nehme ich mit, was habe ich gelernt?
Kann ich mich über die gemeinsam gestaltete Zeit freuen?
Fühle ich mich vom Tag gestärkt? (vgl. Girg 2007, S. 295f.).

Solche und ähnliche Fragen können die Lehrperson auf eine hilfreiche Spur bringen, um mit mehr Selbstzufriedenheit und größerer Freude den Schulalltag zu bewältigen. Dies ist ein Anfang, um bewusst das eigene Lernen als wesentlichen Motor im schulischen Leben zu sehen und damit in einem lebendigen Austausch mit sich selbst und den Schüler/innen zu bleiben.

Grundzüge der Integralpädagogik werden in zwei Richtungen beschrieben. Einerseits ist sie eine permanente Schule des Lebens. Sie ist eine Schule von lebenslang Lernenden und in diesem Fall keine Schule, die faktisch als Institution existiert. Vielmehr entzieht sie sich als „entschulte Schule" bisherigen Vorstellungen dieser gesellschaftlich geschaffenen Einrichtung (vgl. von Hentig 1971, S. 105 zit. n. Girg 2007, S. 231). Aus dieser Wahrnehmung einer ursprünglich „entgrenzten" Schule lassen sich Aussagen zur integralen Pädagogik machen. Andererseits existiert die Schule als institutionalisierte Form mit Überadministration und institutionellen Zwängen. Hier wird das Lebendige zugedeckt, es gibt wenig Spielraum.

Die Schule in einem integralen Verständnis entwickelt sich erst langsam und löst sich allmählich von den formellen Kriterien und der rigiden schulischen Verwaltung. Der Lehrkörper nimmt die ursprüngliche Aufgabe von Schule wieder wahr durch Bewusstwerdung und dies kann es jeder regulären Schule erlauben in einen integralen Entwicklungsprozess einzusteigen. Alle Beteiligten der Schule orientieren ihre tägliche persönliche und berufliche Praxis am sich wandelnden Leben, das seine Kraft aus einem gemeinsamen Ursprung bezieht.

Einige Anregungen für einen freudvollen Unterricht, die vielleicht gar nicht fremd klingen und bereits Anwendung im schulischen Alltag finden, seien nun aufgelistet. Sie können einem tiefen Selbstbewusstsein der Lehrperson behilflich sein und erlauben neue von innen her gesteuerte Handlungen.

Anregungen zum Nachdenken für einen freudvollen Unterricht

Zum freudvollen Lernen kann beitragen:

- Wahrnehmen und Eingehen auf Stimmungen in der Klasse
- gegenseitige Unterstützung
- Gegenwärtigkeit (Präsenz)
- angenehme Atmosphäre
- Ehrlichkeit
- Nichtwissen ist erlaubt
- Lehrende und Lernende sind ein Feld
- alle Lernkanäle, alle Sinne aktivieren
- Kopf, Herz und Hand zulassen
- Einsatz von Musik
- flexible Arbeitsformen und unterschiedliche Rhythmen anwenden
- ansprechende Raumgestaltung
- Gruppenkörper (Klasse) und Gruppendynamik beachten.

In diesem ersten Artikel haben wir auf die Qualitäten des prätranspersonalen Paradigmas verwiesen, das Haltungen beschreibt, die Lehrer/innen und Schüler/innen behilflich sein können, um einen freudvollen Unterricht zu gestalten. Der pädagogische Diskurs über das transpersonal-integrale Paradigma wurde vorerst nur angedeutet und wird in weiterer Folge noch genauer darzulegen sein. Eine damit einhergehende Neuorientierung ist ein Prozess und braucht Zeit. Die Fähigkeit sich mit „alten" und „neuen" Paradigmen kritisch auseinanderzusetzen, um so immer mehr in einen befriedigenden pädagogischen Alltag von Schule zu finden, ist für interessierte, engagierte Lehrer/innen von größter Bedeutung. In jedem Fall ist es ein persönlichkeitsbildender Prozess, der letztendlich starke Auswirkungen darauf hat, wie Schulleben stattfindet.

Selbstsorge für Lehrer/innen und Breema®- Prinzipien

Daniela Michaelis, Gerhild Bachmann

Selfcare im schulischen Alltag

Bezugnehmend auf den wesentlichen Aspekt der persönlichen Kompetenz von Lehrer/innen im schulischen Alltag im Hinblick auf lebenslanges Lernen benennen wir in diesem Aufsatz schwerpunktmäßig den Perspektivenwechsel von der Institution zur lernenden Institution. Der Bolognaprozess stellt Hochschulen und Schulen vor große Herausforderungen. Die Umstellung auf die Bologna-Studienstruktur verlangt es, bewährte Traditionen hinter sich zu lassen. Durch lebenslanges Lernen verschiebt sich der Brennpunkt vom dominierenden Stoff- und Kanonprinzip hin zu einer Nachfrage- und Bedarfsorientierung und hin zu den Lernbedürfnissen, Lernprozessen und Lernfortschritten der Lernenden. Deshalb stellt das Konzept des lebenslangen Lernens gerade für die traditionell wissenschaftlichen Erkenntnisprozesse und das Fachprinzip eine weitreichende Herausforderung dar (vgl. Wiesner/Wolter 2005, S. 256). Der Perspektivenwechsel zur lernenden Institution ist ein zentrales Element von lebenslangem Lernen. Es liegt an uns, welche Werte sich im Zeitalter der Globalisierung durchsetzen. Dies ist auch eine Chance für Basisdemokratie, wo Betroffene ihre Lernprozesse selbst organisieren. Denn diese Bewegung hat keine Leader im traditionellen Sinn, sondern besteht aus Menschen, die gewillt sind zu lernen und das Gelernte weiterzugeben (vgl. Lenz 2009, S. 15).

Max Friedrich (2008) zählt in seinem Buch „Lebensraum Schule" auf, welche Basiskenntnisse Lehrer/innen grundsätzlich nachweisen können sollten. „Neben der Beherrschung ihrer inhaltlichen und didaktischen Berufsaufgaben sollte er/sie Entwicklungspsychologie, Tiefenpsychologie, Gruppendynamik, Familiendynamik, Heilpädagogik, Sonderpädagogik, ein wenig Soziologie und am besten auch noch Etymologie in Basiskenntnis beherrschen, um die Schüler ganzheitlich zu erfassen und zu verstehen – also nahezu ein Universalgenie sein" (Friedrich 2008, S. 38). Ob Lehrer/innen die schulischen Belastungen gut bewältigen oder mit Stressreaktionen beantworten, hängt sehr stark von den persönlichen Ressourcen ab. „Ressourcen sind eigene Kräfte, spezielle Fähigkeiten sowie individuelle Rahmenbedingungen, die es uns er-

möglichen mit Belastungen fertig zu werden" (Kretschmann 2006, S. 107).
Dazu zählen unsere eigenen psychischen und physischen Befindlichkeiten
und Bewältigungsstrategien und auch die individuellen Lebenseinstellungen.

Bei guter körperlicher Verfassung, einem unterstützendem, sozialem Umfeld,
einer Veränderung zu einer zunehmend optimistischen Einstellung zum Leben, d.h. wenn wir Lebensfreude bewusst wahrnehmen, werden uns Belastungen in Beruf und Alltag wenig anhaben können. Arbeit und Regeneration
angemessen auszubalancieren ist das Geheimnis. Doch manchmal neigen
Lehrer/innen dazu, Belastungsphasen und Regenerationsphasen physiolo-
gisch ungünstig zu verteilen (vgl. Kretschmann 2009, S. 109).

Bei Problemen im Schulalltag reagieren Lehrer/innen oft mit körperlichen
und/oder psychischen Symptomen und suchen das Gespräch mit Kol-
leg/innen oder Freunden. In der Lehrer/innenaus- und –weiterbildung werden
unterstützende, praxisorientierte und professionelle Anleitungen im Umgang
mit scheinbar nicht in den Griff zu bekommenden Problemen oft nur marginal
umrissen. In den Curricula bestehen Defizite und es werden zu wenige Be-
wältigungsmechanismen zur Verfügung gestellt, die geistiges Abschalten erlauben und auf ein geistiges und körperliches Selfcare abzielen.

Stress ist zu einer Zeiterscheinung geworden und wird von vielen als Ursache
für gesundheitliche Beeinträchtigung gesehen. Wenn es möglich wird dies zu
erkennen, ist der Zeitpunkt gekommen durch Entspannung und Anleitungen
einen Belastungsausgleich anzustreben. Ziel ist ein effektiver, prozessorien-
tierter, lebensnaher und sinnvoller Umgang mit Stress in Balance von Körper,
Seele und Geist (vgl. Schröder/Blank 2004, S. 63).

Empirische Befunde der letzten 20 Jahre weisen darauf hin (Kretschmann
2006), dass ein dringender Bedarf von Lehrer/innen nach Selfcare-
Angeboten besteht.

Stefanie Egger und Markus Schabler (2009, S. 33) sehen, dass sich bedingt
durch Globalisierungsprozesse vertraute Anhaltspunkte massiv verändern
und bezeichnen dies als Transformation und Auflösung tradierter Bezugs-
punkte. Das bedeutet, es ist nicht mehr eindeutig festzustellen, welche Be-
zugspunkte noch gültig sind und welche verloren haben. Genauso wenig ist
klar eruierbar, wer in welchem Bezugssystem lebt. Weltweit sind alle Indivi-

duen von diesen Veränderungen betroffen und für eine Orientierung sind Anhaltspunkte unabdingbar. Sie sind keine fixen Punkte, geben aber Halt.

Diese Ausgangslage führt dazu, dass insbesondere auch Lehrer/innen in die Bedrängnis kommen, alles bestmöglich erledigen zu wollen und es aber aufgrund der Veränderung vom linearen Bewusstsein zum vernetzten globalen Bewusstsein es in der bisherigen Form nicht mehr schaffen. Deshalb sind Burnout und Stress oft die massive Folge. In der Schule werden dadurch Krankheit und gesundheitliche Probleme bei Schüler/innen und Lehrer/innen zunehmend zum Thema. Eine zukünftige Schule kann daher nicht nur Leistung fördern und fordern, sondern muss auch die Gesundheit und die Bewusstseinsbildung in der Schule stärken – mehr und anders als bisher. Eine zukünftige Schule versteht Gesundheit und Bewusstseinsbildung als eine Investition in die Bildungsqualität der eigenen Arbeit. Die Lehrer/innen sind in dieser Perspektive wesentliche Beteiligte als Vermittelnde und Mitgestaltende der schulischen Gesundheit, aber auch zentral Betroffene (vgl. Paulus/Hascher 2003, S. 41f.).

Welche Anhaltspunkte können gegeben werden, um die Selbstsorge bei Lehrer/innen im Sinne eines lebenslangen Lernens für eine interaktive Schule mit einem integralen Anspruch zu fördern? Theoretisch ist es sehr einfach. Nach Brose und Pfaffe (2008, S. 83) sind die Wege vielfältig. Sie empfehlen, Abstand gewinnen von den Aufgaben, sich im Körper wohlfühlen und Yoga- und Entspannungstechniken. Unserem Ermessen nach könnte eine mögliche Unterstützung BREEMA® sein.

BREEMA®-Körperarbeit, eine neu aus den USA kommende Entspannungsarbeit, wird nun in den folgenden drei Beiträgen thematisiert und vorgestellt. Dabei sind neun universelle Breema®-Prinzipien als Anhaltspunkte zu beachten, die das Arbeiten und Sein im natürlichen Fluss des Lebens wie von selbst geschehen lassen, wenn wir nur lernen uns nicht dazwischen zu stellen.

BREEMA® - Kontakt und Berührung

BREEMA®-Übungen ermöglichen eine neue Haltung und bieten einen Rahmen, der es möglich macht, neu auf das Alte hinzuschauen. „Vorsorgen ist besser als Heilen" ist eine alte Erkenntnis und hat bis heute nichts an Gültigkeit verloren.

Mit BREEMA® (Sanskritwort: göttliche Liebe) gibt es einen Zugang zu sich selber, der das Gewohnte sprengen kann. Äußerlich gesehen sind es zwar Körperübungen, im wesentlichen geht es jedoch um Prinzipien, die durch diese zu lernenden Körperbehandlungen an einem Partner/einer Partnerin oder an sich selber geübt werden, um im eigenen Leben in jedem neuen Moment heilend und Muster unterbrechend, wirksam werden zu können.

So ist Berührung ein Ausdruck des Wunsches nach Einheit. Die zwei Prinzipien Sanftheit und Bestimmtheit sowie Urteilsfreiheit sind so wichtig, „weil sie es ermöglichen in unsere Berührung mit ein zu fließen und uns mit Leben zu erfüllen" (Schreiber 2008, S. 100). Das bedeutet, dass wenn ich mich aus einer gelebten Praxis heraus in einer Problemsituation an obige Prinzipien erinnere und auch daran, dass ich einen Körper habe, der Gewicht hat und atmet (ein weiteres Prinzip), bin ich in diesem Moment anwesend und das „Gesamtsystem" beruhigt sich.

Erinnerung ist ein Heilmittel bei hohem Stresspegel. Jeder kann sich vorbereiten und üben, dass im Moment einer Krise Selfcare-Möglichkeiten zur Verfügung stehen. Im Schulalltag bedarf es oftmals eines Innehaltens und eines „Nein". Während einer Schulstunde ist immer wieder neues Wahrnehmen erforderlich, was im Augenblick geschieht und es bedarf der Prioritätensetzung. Hohe Wachheit und Mut sind gefordert. Eine Außenorientierung als einziges Maß in der Gesellschaft führt besonders bei Kindern sowie bei Lehrer/innen zu krankmachenden Erscheinungen. Darin liegt das Leid, seinen Selbstwert im Wesentlichen über äußere Faktoren zu bestimmen. Es entsteht durch die Überbewertung der schulischen Leistung und der damit verbundenen Folgen, wenn diese nicht erbracht wird. Dies ist nicht notwendig, wenn der Blick auf das Wesentliche gerichtet wird.

Die Ressourcen in jedem Kind, in jedem Menschen sind enorm und alle humanistisch-reformpädagogischen Ansätze weisen schon sehr lange und deutlich darauf hin. Ebenso gibt es dieses Wissen im BREEMA®-Modell. Es geht um das Bewusstsein des Daseins aus dem heraus alles genährt wird und geschieht. „Es gibt eine Quelle in uns, die verbunden ist mit dem universellen Reservoir des Daseinsfeldes. Zwischen Quelle und Reservoir gibt es einen ständigen Austausch" (Schreiber 2008, S. 121).

Wie kann eine geistige Haltung Unterstützung geben?

Wir verstehen mehr von Finanzen als von Energie. Wir wissen, dass wir Geld verdienen müssen und es besser nicht verschwenden sollten. Menschen, die das nicht klar erkennen, haben oftmals finanzielle Probleme. Dasselbe lässt sich über Energie sagen. Wir benötigen Energie und müssen diese klug verwenden und sollten dabei wahrnehmen, in welchen Bereichen wir nutzlos Energie verbrauchen. Hier kommt Breema® ins Spiel als eine Verbindung von Körperarbeit und Philosophie, was uns Energiereichtum bringen kann. An einem Tag an dem die Breema®-Prinzipien angewendet werden, gewinnt eine Person viel Energie und fühlt sich lebendiger. Doch die Ladung unseres Energiespeichers wird bestimmt von unserer Haltung dem Leben gegenüber, von unserer Einstellung, von der Art und Weise wie wir über das Leben denken, fühlen, bzw. wie wir das Leben empfinden und wahrnehmen (vgl. Schreiber 2008, S. 127).

Das Ziel von Breema® ist es, uns zu neuem Denken und Fühlen, zu einer neuen Haltung dem Leben gegenüber zu bringen. Das ist eine Art von Schulung, die nicht über Konzepte funktioniert, sondern erfahren werden muss. Breema® kann dem Körper helfen ein Vehikel zu werden, das bewusst Energie empfängt. Bin ich erst in der Lage bewusst Energie aufzunehmen, kann ich auch mehr davon aufnehmen, weil ich es erkenne und wertschätze. Auf die gleiche Art und Weise gilt dies für die neun Breema®-Prinzipien. Wenn du später etwas über die Breema®- Prinzipien hörst, weiß etwas in dir was damit gemeint ist. Dann sind das nicht mehr nur anziehende Konzepte (vgl. Schreiber 2008, S.128).

Unser Verstand kann nicht

aus eigener Kraft eine Quelle des Verständnisses sein.

Verständnis ist die Einheit

von wahrem Wissen und Sein.

Gegenseitige Unterstützung

Das Prinzip „**Gegenseitige Unterstützung**" lädt ein, das Menschsein in den Mittelpunkt zu stellen und an einem Wir-Gefühl zu arbeiten. Schüler/innen sollen Lehrer/innen als unterstützend wahrnehmen können. Der Umgang miteinander ist entscheidend. Konflikte zwischen Schüler/in gegen Lehrer/in und vice versa gehören zum beruflichen Alltag von Lehrer/innen und stellen eine große Herausforderung dar. Mit diesem Prinzip kann gesehen werden, dass genau dieser Mensch, der mir gegenüber ist, mich auf meinem Weg unterstützt. Manchmal genau dadurch, dass er/sie mich vollkommen nervt und mir überhaupt nicht ins Konzept passt. Nehme ich dieses Prinzip als erstes an, verändert sich etwas in meiner engen Meinung und Haltung - wirkliches Lernen kann geschehen. Die Situation kann sich entspannen und ein Aufatmen geschieht vielleicht.

Wann immer Du unterstützt, geschieht gegenseitige Unterstützung, weil auch ich dabei selber Unterstützung erhalte. Wann immer ich in der Lage bin Unterstützung zu geben, kann ich das nur, weil ich selbst unterstützt wurde. In jedem Augenblick, in dem ich in Einklang mit meinem Verständnis, dem Gewissen meines wahren Wesens bin, werde ich unterstützt. Wann immer ich ein Phänomen erkenne und es nicht kommentiere – auch dann findet nach den Breema®-Prinzipien gegenseitige Unterstützung statt.

Nehmen wir an, du erkennst dass dein Körper atmet. Woher hast du diesen Körper bekommen? Wie kann er atmen? Je mehr du hinschaust, desto mehr kannst du sehen, dass du ständig in jedem Augenblick deines Lebens, unterstützt wirst vom Dasein (vgl. Schreiber 2008, S. 63).

Abb.2: Breema®-Partnerübung

Wenn ich präsent bin,

werden andere unterstützt,

ebenfalls präsent zu sein

und so entsteht gegenseitige Unterstützung.

Einziger Augenblick – einzige Aktivität

Das Prinzip **„Einziger Augenblick – einzige Aktivität"** zwingt den sonst frei umherschweifenden Geist innezuhalten. Eine große Unterstützung ist dabei der Atem. In der bewussten Verbindung mit dem Atem ist das Verweilen im Hier und Jetzt des Augenblicks leichter. Es liegt ja im Wesen des Geistes ständig auf der Suche in der Vergangenheit oder in der Zukunft zu sein, sodass es zunächst einer reichlichen Anstrengung bedarf überhaupt einmal tatsächlich innezuhalten. Aller Anfang ist schwer – und Übung macht den Meister gilt gerade auch hier.

Wie kannst du einen einzigen Augenblick erleben? Dafür muss ich frei sein von der Vergangenheit und der Zukunft. Sonst kommen unsere vergangenen Assoziationen und Erwartungen an die Zukunft ins Spiel. Statt im Augenblick bist du dann verloren in einer konzeptuellen Beziehung zur Zeit. Wenn ich präsent bin, gibt es den einzigen Augenblick. Meine Empfänglichkeit, meine Offenheit zum Augenblick wird zur einzigen Aktivität. In Abwesenheit von Gedanken und Gefühlen trete ich erst in die immer strömende Gegenwärtigkeit ein. In dem gibt es einen einzigen Augenblick und eine einzige Aktivität (vgl. Schreiber 2008, S. 89).

Abb. 3: Breema®-Partnerübung

Viele hunderte von BREEMA®-Übungen an sich selbst, mit einem Partner oder einer Partnerin sind ein hilfreiches Tor, um genau dieses zu üben und um im Alltag den Verlockungen der Enge des Geistes, die meist nicht bewusst wahrgenommen werden, zu widerstehen und somit anwesend zu bleiben. Alle Self-Breema®-Übungen nach Jon Schreiber und Denise Berezonsky (2003) sind auch für eine Schulklasse hervorragend geeignet, um in einem Moment in einer Klasse Zentriertheit und Gesammeltheit für das Hier und Jetzt bewusst zu machen. So wird im Schulalltag etwas praktiziert, was allen zugute kommt. Jeder Lehrer/jede Lehrerin wird begeistert und entzückt sein, wie frisch und lebendig die Gruppe nach solchen Übungen wieder ist und wie aufnahmefähig auch im Geiste.

Beispiel: Der erste Eindruck

„In wenigen Augenblicken beurteilen wir einen Menschen. Seine Sprache, seine Körperhaltung und seine Kleidung sind die Signale für den ersten Eindruck. Sie kommen zum ersten Mal in eine neue Klasse. 30 Sekunden dauert es, und ihre Schüler haben sich ein Bild von Ihnen gemacht. Sie erlangen Akzeptanz vom ersten Moment an oder ein langwieriger, zermürbender Kampf um Autorität beginnt" (Brose/Pfaffe 2008, S. 13).

Urteilsfreiheit

Das Prinzip **Urteilsfreiheit** hilft uns in der Akzeptanz, wie wir in diesem Moment sind. Natürlich ist es schier unmöglich für einen Menschen ohne Urteil auszukommen, aber dieses Prinzip als Heilmittel verankert, hilft Gewahr zu werden, wie oft und immer wieder ich zu diesem Urteilen greife, nur um mich selber etwas besser innerlich oder und auch äußerlich darzustellen. Wieviel Zwist, Konflikt und Abwertung genau durch diese innere, unreflektierte Haltung des Urteilens in die Welt gesetzt wird und auch wie viel Stress dadurch entsteht, braucht an dieser Stelle nicht weiter ausgeführt zu werden. Dies ist eine nur allzu bekannte Art sich in der Welt zu zeigen.

„Es ist also zunächst notwendig zu sehen, dass wir immer und alles beurteilen. Unser Verstand kommentiert automatisch alles, was wir sehen, er assoziiert jede einzelne Sache mit etwas anderem. Wir leben in diesem assoziativen Verstand und haben so keine Verbindung zur Wirklichkeit der Dinge. Zu erkennen, dass wir immer beurteilen, ist aber nicht genug. Wir müssen es so klar erkennen, dass in uns darüber kein Zweifel besteht. Dann können wir es akzeptieren. Je mehr wir dies tun, desto größer ist die Möglichkeit, etwas in uns zu entdecken, das ohne Beurteilung sein kann. Dieser Teil von uns beurteilt nicht, sondern versteht" (Schreiber 2008, S. 37).

Um ohne Beurteilung zu sein,
lasse alle Vergleiche fallen.
Dann ist Akzeptanz da und Empfänglichkeit
Für eine höhere Ebene des Bewusstseins.

Diese drei dargestellten BREEMA®-Prinzipien sind eine Einladung zur Einkehr zu sich selbst. Geübt in einem BREEMA®-Kurs werden sie nicht nur als mentales Wissen abgelegt, sondern vitalisieren Körper und Geist. Durch das wache Sein mit diesen Prinzipien lösen sich allmählich festgefahrene, alte Stressmuster auf - bei gleichzeitiger Ausrichtung auf die essenzielle Natur, die in jedem Menschen wirkende Kraft. Nehmen wir diese Kraft voll ins Bewusstsein, ist es ein Leichtes, das Relative von Stress zu durchschauen.

Abb. 4

Wir bieten nun einen kleinen Einblick in praktisches Tun, obgleich klar ist, dass Self-Breema®-Übungen nur unter professioneller Anweisung von zertifizierten Breema®-Instruktor/innen angemessen erlernt werden können.

Übung 1: Das Berühren der Essenz in diesem Moment
(Touching the essence in this moment)

Wenn wir den Körper ohne Erwartung berühren, finden wir den Reichtum des Seins. Stelle oder setze dich bequem hin. Führe die Fingerspitzen jeder Hand sanft zusammen.

1 Überkreuze die Arme und halte mit den Fingerspitzen der rechten Hand die weiche Mulde knapp unter dem linken Schlüsselbein. Mit den Fingerspitzen der linken Hand halte an der gleichen Stelle auf der rechten Körperseite. Atme sanft drei mal ein und aus!

2– 3 Lege die Fingerspitzen für drei Atemzüge in die Vertiefung hinter und etwas unterhalb der Ohrläppchen. Die Arme sind nun nicht mehr überkreuzt.

4 Halte mit den zusammengelegten Fingerspitzen sanft die Oberseite der Wangenknochen, knapp unter den Augen, für drei Atemzüge.

5 Halte mit den zusammengelegten Fingerspitzen – besonders sanft – die geschlossenen Augenlider für drei Atemzüge.

6 Lege die zusammengelegten Fingerspitzen der linken Hand sanft zwischen die Augenbrauen und die Fingerspitzen der rechten Hand auf die Stirnmitte knapp unter dem Haaransatz und halte für drei Atemzüge. Der Ballen der rechten Hand ruht leicht auf den Fingern der linken Hand.

7-10 Öffne die Hände und streiche mit beiden Händen über die Stirn, über den Kopf zum Nacken, über die Brust zum Bauch, seitlich zu den Nieren und den Oberschenkeln.

11-12 Wenn du diese Übung im Stehen machst, streiche weiter die Rückseite der Beine hinunter bis über die Zehen aus. Richte den Körper langsam auf, die Arme ruhen auf den Seiten (vgl. Schreiber/Berezonsky 2003, S. 142 - 143).

Diese Übung verbindet uns mit unserer Atmung und entspannt die Gesichtsmuskeln, die Augen und die Stirn. Sie hilft uns Verstand, Gefühle und Körper so zusammenzuführen, dass wir in unseren alltäglichen Aktivitäten gesammelt und präsent sein können und „den Reichtum berühren". Jede einzelne Halteposition dieser Übung kann auch als eine eigene Selbst-Breema®-Übung gemacht werden.

Abb. 5

Übung 2: Vertrauen in die wahre Natur berührt die Essenz
(Confidence in true nature touches the essence)

Dieses Vertrauen in die wahre Natur steht für eine höhere Ebene. Der Berg in uns selbst ist das Wissen um das Leben. Es wird „der Berg berührt".

1 Stelle dich bequem hin. Die Fersen berühren sich dabei.

Lege die linke Hand auf den Bauch und die rechte Hand darüber. Halte so für drei volle Atemzüge.

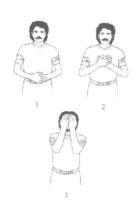

2 Streiche mit deinen Händen zur Brust bis in Höhe des Herzens und halte sie dort drei Atemzüge lang.

3 Führe die Hände weiter nach oben über den Brustbereich zum Gesicht (ohne es zu berühren) und bedecke die Augen mit den Händen. Schließe dabei die Augen. Halte für drei Atemzüge. Die Finger liegen entspannt auf der Stirn.

4 – 6 Streiche über die Stirn und den Scheitel, über den Hinterkopf und den Nacken, die Brust und den Bauch, bis die Hände an den Seiten ruhen. Stehe bequem (vgl. Schreiber/Berezonsky 2003, S. 158 – 159).

Übung 3: Der Himmel ist in diesem Moment

(Heaven is in this moment)

Am Abend nehmen wir eine Haltung ein, die zu innerer Aktivität einlädt, die „Abendhaltung". Dieses nach innen gerichtete Schauen schafft die Bereitschaft, am Morgen zu erwachen.

1 Stelle dich bequem und entspannt hin. Schließe die Hände zu losen Fäusten. Lege die rechte Faust in die linke Achselhöhle und die linke Faust in die rechte Achselhöhle.

2 Beim Einatmen hebe langsam die Ellbogen in Richtung Decke und dehne den Kopf nach hinten.

3 Lasse beim Ausatmen die Ellbogen und den Kopf langsam sinken und sich völlig entspannen.

4 Wiederhole das Dehnen und Senken noch zweimal.

5 Richte den Kopf wieder auf, öffne die Hände und lasse sie noch einen Atemzug lang in den Achselhöhlen.

6 - 7 Streiche mit den Händen diagonal über die Brust und bringe die Arme zu den Seiten. Stehe bequem (vgl. Schreiber/Berezonsky 2001; Schreiber/Berezonsky 2003, S. 170 - 171).

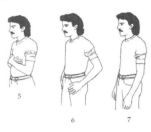

Alle drei Übungen werden mit freundlicher Genehmigung des Breema®-Center Oakland abgebildet (Brand, Email vom 23.12.2009).

Während der Körper sich in einer Breema®-Übung entspannt, werden auch emotionale und gedankliche Blockaden gelöst. Die Betonung liegt auf dem, was die Vitalität und die Gesundheit unterstützt und fördert. Breema®-Körperarbeit verwendet angenehm unterstützende Bewegungen wie Strecken, Lehnen, Streichen, Halten, sowie eine Vielfalt von spielerischen, rhythmischen Bewegungen. Sie werden aus der inneren Verbindung mit dem Atem und dem Gewicht ganzheitlich ausgeführt.

Eine wichtige Erkenntnis ist, dass gute zwischenmenschliche Beziehungen nicht nur im Gehirn abgebildet und gespeichert werden, sondern dass sie die am besten wirksame und völlig nebenwirkungsfreie „Droge" gegen Stress darstellen. Zwischenmenschliche Beziehungen sind das Medium, in dem sich auch unsere körperliche Gesundheit bewahren lässt (vgl. Bauer 2002, S. 13).

Was in der gestaltpädagogischen Praxis und Theorie vielfach ausgewiesen und praktisch erprobt ist, wird durch neue neurobiologische Befunde auch im rechten oberen Quadranten (Vier-Quadrantenmodell nach Ken Wilber 2001) nachgewiesen. Dies öffnet den Weg in ein integrales Bewusstsein und hilft die Dinge weniger getrennt als vielmehr vollkommen miteinander vernetzt zu begreifen. Bezugnehmend auf obige Ausführungen bringen wir folgende Anregungen: Aufgrund zahlreicher Befunde erscheint es wichtig, kontinuierlich und präventiv Maßnahmen für die psychische und physische Gesundheit der Lehrer/innen berufsbegleitend anzubieten. Selfcare-Stunden für Lehrer/innen auf freiwilliger Basis wären sinnvoll, um den geistigen und körperlichen Energiehaushalt auszubalancieren, sodass Lebensqualität und Freude im schulischen Alltag bei allen Beteiligten im Vordergrund stehen können.

BREEMA® und eine integrale Denkweise und die damit zusammenhängende Praxis können richtungsweisende Eckpfeiler sein für einen erfüllenden schulischen Alltag. Es ist die Einkehr bei sich, um so wieder achtsam und reflektierend zu handeln. Problemlagen können sich wieder verändern, wenn genügend Wunsch da ist, im eigenen Denken nachzuprüfen und neue Parameter einzubeziehen. So dient die vertiefende Haltung im zwischenmenschlichen Kontakt durch BREEMA® einem Selfcare, das wiederum der tieferen Erkenntnis seiner selbst und einem Verständnis von Zusammenhängen dient.

Daniela Michaelis, Gerhild Bachmann

Ressourcen bei Lehrer/innen fördern

Was gibt es für Möglichkeiten mit einfachen und erschwinglichen Mitteln den Alltag in der Schule mit all seinen pädagogischen Herausforderungen zu bewältigen? Wir beschäftigen uns mit attraktiven Denkmodellen der Pädagogik, die eine Erleichterung für den schulischen Alltag darstellen können. Wir zeigen alte und neue Handlungsprinzipien auf (Paradigmen), weil dies zu mehr Erkenntnis und Freiheit führt. Einen Schwerpunkt bilden die drei weiteren Breema®-Prinzipien „keine Eile – keine Pause", „keine Kraftanwendung" und „Bestimmtheit und Sanftheit". Insgesamt geht es um eine Paradigmenerweiterung vom traditionell mechanistischen Paradigma (TMP) zum prätranspersonalen Paradigma (PTP).

Handlungserweiterung durch die „Paradigmenspirale"

Die Schulsituation ist für viele Lehrer/innen eine große Herausforderung geworden und die Anforderungen an alle Beteiligten in der Institution Schule sind gestiegen. Es stellt sich die Frage, wie herkömmliches Denken im Zusammenhang mit Schule für alle befriedigend erweitert werden kann?

Thomas Kuhn definiert Paradigma als ein vorherrschendes Denkmuster in einer bestimmten Zeit. Ein Paradigma wird zur Bestimmung verschiedenster Sachverhalte in einem bestimmten Kontext benutzt. Etymologisch bedeutet Paradigma übersetzt Beispiel, Muster oder Modell. Ein Paradigma ist solange anerkannt bis Phänomene auftreten, die mit der gültigen Lehrmeinung nicht mehr übereinstimmen. Neue Theorien werden gesucht und wenn sich diese durchsetzen, spricht Kuhn von Paradigmenwechsel (vgl. Kron 1999, S. 249).

Michaelis und Mikula (2007) sprechen von einer „Paradigmenspirale". Diese Sichtweise geht von einem Verständnis in Anlehnung an Ken Wilber (1998, 2001) aus, dass es eine hierarchische Ordnung der Paradigmen gibt und alle Paradigmen im Folgenden enthalten sind. Dieses Wissen, verbunden mit dem Vier-Quadrantenmodell nach Ken Wilber, führt zu einer Erweiterung und Transformation aus dem „Entweder oder Denken" - Denkrahmen in eine „Sowohl als auch Haltung". Wir beziehen uns, wie erwähnt, auf vier Denkmodelle:

- *das traditionell mechanistische Paradigma (TMP)*
- *das prätranspersonale Paradigma (PTP)*
- *das konstruktivistisch-systemische Paradigma (KSP)*
- *das transpersonal-integrale Paradigma* (TIP).

Wir wenden uns zuerst dem traditionell-mechanistischen Paradigma (TMP) und dem prätranspersonalen Paradigma (PTP) zu, das die neuen Qualitäten aufzeigt und erörtern kurz das klassische Paradigma, welches Sicherheit und Alltagsbezug bringt. Dieses reicht in der heutigen Zeit nicht mehr aus. Oft landen wir im Gefühl von Enge und wissen nicht mehr weiter. Das vertraute traditionelle Paradigma wird als ein traditionell-mechanistisches Denken lokalisiert.

Traditionell-mechanistisches Paradigma (TMP)

In diesem Paradigma wird alles objektiviert und Lokalität ist selbstverständlich. Dass es in diesem Denkmodell einen naturwissenschaftlichen Monismus gibt, fällt nicht weiter auf, weil es allzu vertraut ist. Wir bewegen uns in Prinzipien der Philosophie des Dualismus. Goswami (1995, S. 38) nennt dazu Objektivität, kausale Bestimmtheit, Lokalität, naturwissenschaftlicher Monismus u.a.m.. Diese Merkmale sind bekannt. Die weltweiten wirtschaftlichen und finanziellen Schwierigkeiten, die fast zeitgleich global auftreten, stellen diese linearen Denkweisen in Frage.

Merkmale des traditionell mechanistischen Paradigmas (TMP):
Rationalität
Kausalketten
Linearität
Zerlegung
Steuerbarkeit/Kontrolle
Widerspruchsfreiheit
Fremdorganisation
Eindimensionalität
Linear-kausales Denken
Lokalität

Kron (1999, S. 173) stellt fest, dass der klassische Gegensatz von Geistes- und Naturwissenschaften überholt ist. „Pädagogische Fragestellungen entstehen in der Gegenwart in komplexen Situationen, die mit einer Methode nicht mehr erforscht werden können". Es ist eine Vielfalt der Methoden zu verwenden, um einen integrativen Ansatz zur Erklärung und zum Verstehen pädagogischer Phänomene anstreben zu können. Dass wir unser Denkmodell erweitern sollten, liegt auf der Hand. Aber wohin geht die Reise? Das unbekannte Land liegt vor uns allen und wir müssen uns den neuen Herausforderungen stellen.

Da aus Gedanken die Worte entstehen und aus diesen Worten Taten folgen lassen, wollen wir beim Denken starten. Wie wird Denken erweitert? Was hat die Paradigmenspirale zu bieten? Bei gleichzeitiger Spannung zwischen Neugierde und Widerstand, siegt oft die Bequemlichkeit, nichts verändern zu wollen. Nur wenn es uns hilft, den immer schwieriger werdenden Alltag zu meistern, hat ein neues Paradigma Bestand. Für den Übergang in ein integrales Paradigma, brauchen wir Kompetenzen, die es uns ermöglichen, schrittweise einen neuen Handlungsraum zu erobern. Das prätranspersonale Paradigma (PTP) ist wichtig für die Anbahnung ganzheitlichen Denkens und Handelns und ist eine Vorstufe für ein integrales Paradigma.

Prätranspersonales Paradigma (PTP)

Das prätranspersonale Paradigma legt klar, dass es um einen großen Schritt geht, der uns aus Gewohnheiten herausführt. Eine Denk -und Handlungserweiterung eröffnet Lebensspielräume durch Vertrauen in das Neue. Wesentliche Qualitäten des PTP sind:

- Selbstreflexives Denken
- Spirituelles Wachstum, spirituelle Intelligenz
- Staunen und Dialogfähigkeit
- Respekt und Akzeptanz
- Bewusstheit und Wachheit in der Rede
- von Ich-Identifikation zur Disidentifikation als Tor zur Erkenntnis (vgl. Michaelis/Mikula 2007).

Mit diesen Worten lässt sich das PTP grob umreißen. Sicherlich ist es nötig, jeden einzelnen dieser Aspekte genauer anzuschauen und tiefer in die Qualität dieses Lebensraums vorzudringen. Lehrer/innen sind das Modell, das Lebensressourcen im Klassenzimmer fühlbar macht, wenn die Wahrnehmung von Lehrenden bewusster wird. Nur so gestaltet sich ein Raum in der Schule, der achtsam und freudvoll ist.

Die Merkmale eines Unterrichts nach dem prätranspersonalen Paradigma, die bereits am Beginn dieses Werks besprochen wurden, umschreiben ein kreatives Feld – wie Burow (1999) es nennt - in dem sich vieles ganz natürlich ereignen kann, wenn alte Vorkonzepte aufgegeben werden. Kreszmeier und Hufenus (2000, S. 56) meinen, dass das Feld nichts Geringeres sei als die Summe der uns umgebenden Kräfte, die nicht nur messbare, sondern auch unsichtbare, jenseits der Gesetze von Zeit und Raum wirkende Informationen in sich tragen. In diesem Zusammenhang verweisen sie auf die Theorie von Rupert Sheldrake, der von morphogenetischen Feldern spricht. Alle Anwesenden profitieren von dem Feld, in dem sie sich befinden. Diese Gesetzmäßigkeiten des kreativen Feldes wirken gleichermaßen im schulischen Setting und sind das implizite Gesetz von gegenseitiger Unterstützung oder sich gegenseitig das Leben schwer machen.

Im folgenden gehen wir auf wichtige Parameter im schulischen Feld ein, die indirekt die Qualität einer gegenseitig unterstützenden Atmosphäre ausmachen und der Bewusstwerdung des prätranspersonalen Paradigmas mehr Raum geben.

Zeit – ein pädagogischer Faktor

Nach Reheis (2007, S. 20) versäumt die Turboschule zu vermitteln, was die Zukunft von uns verlangt. Das „alte" Paradigmenmodell (TMP) sieht Zeit in der Schule in Form von Zeitmessung, Zeitvergleich und Zeitdruck als zentral an. So wird oftmals in Prüfungen die Begrenzung der Zeit automatisch als Mittel des Leistungsansporns und des Leistungsvergleichs verwendet. Leistung wird definiert als Arbeit pro Zeit. Dies ist nach unserem Verständnis ein Ausdruck des traditionell mechanistischen Paradigmas, das in dieser Form seit dem 18. Jahrhundert im Schulwesen noch immer wirkt.

Die unter Zeitdruck verabreichte Form von Schulbildung nennt Reheis schulische „Fastfoodbildung". Hauptsächliche Charakteristika sind „wenig Kauarbeit, schnelle Sättigung und bescheidener Nährwert, vor allem, was die Ballaststoffe betrifft". Er spricht von „in der Regel kleinen mundgerechten Häppchen, auf Buchseiten, Folien und Arbeitsblättern didaktisch-methodisch vorgekocht und vorverdaut, methodisch rein und attraktiv gemacht, oft zusätzlich angereichert mit didaktischen Lockstoffen, die im 45-Minuten-Takt in die Köpfe der Schüler, bisweilen auch in ihre Herzen hineingedrückt werden sollen" (Reheis 2007, S. 24).

Eine zufriedenere Gesellschaft achtet mehr auf die Qualität des Seins. Spricht Reheis von Langsamkeit so gehen wir - bezogen auf den integralen Diskurs - mit Girg (2007, S. 229ff.) einen Schritt weiter und widmen uns einer Reflexion zum Begriff Zeit bezogen auf eine integrale Schule.

Girg weist auf die Notwendigkeit des Beendens des Trennenden hin, sowie auf die Zeitkomposition der integralen Schule. Zeitdruck bestimmt Schule immer noch. Die Muße, die in der ursprünglichen Bedeutung von Schule ausgedrückt wird, ist fast nicht zu spüren und daher wird von ihm das Postulat von Zeitfreiheit im Jetzt des Seins aufgestellt. Die Zeit der integralen Schule des Menschen ist die Zeitlosigkeit des sich wandelnden Gegenwärtigen. „In der Gegenwart zu leben ist uns konstitutiv gegeben" (vgl. Haeffner 2000, S. 113 zit. n. Girg 2007, S. 274). Es ist die Zeit des jetzigen Augenblicks – „im Augenblick sein" bleibt das Angebot, das die integrale Lebenssituation ausmacht. So wird deutlich, dass eine integrale Bildungspraxis Kinder, Jugendliche und Erwachsene als gemeinsam Lernende in der Gegenwart sein lässt. In vielfältiger Weise ist es in der Tradition der herkömmlichen Schule gelungen, diese „zeitlose Zeit" der sich wandelnden Gegenwart durch vorab Geplantes ständig zu überlagern (vgl. Girg 2007, S. 260ff.).

Denn die Zeitstrukturen der Schule sind Ausdruck historisch, gesellschaftlicher Bildungsentwicklung. So wird sich der bisher vorgegebene Takt von 50 Minuten Unterricht hin zu natürlichen Zeitrhythmen öffnen. In großzügigen Zeiträumen können Kinder viel entspannter wachsen und ihre jeweils individuellen Wege gehen. Kindern und Jugendlichen im Zeitalter des integralen Bewusstseins ist zu ermöglichen, dass sich Lernen im Leben ständig ereignet. Es ist nur nicht festgelegt, wann sich wo, was lernen lässt. In einer integralen Schule gestalten die Beteiligten ihre Zeit im Jetzt. Deshalb geschieht alles in offenen Zeit- und Lernformen, die das augenblicklich sich Ereignende würdigen und entwickeln lassen. Dies steht als Nichtzeitlichkeit an erster Stelle und wird nicht von den Reglementierungen gemessener Zeit überlagert (vgl. Girg 2007, S. 276).

Ein weiterer wesentlicher Aspekt im PTP ist die Achtsamkeit, die uns hilft, mehr Bewusstheit für den jeweiligen Moment zu bekommen.

Achtsamkeit - ein Schlüssel der Veränderung

Achtsamkeit als Begriff kommt zunächst aus den spirituellen Traditionen des Ostens. Ayya Khema, eine buddhistische Nonne, beschreibt Achtsamkeit sogar als" Schlüssel zum Glück". Allmählich treffen sich Ost und West und es gibt mehr und mehr Publikationen auch in den westlichen Breitengraden zum Thema Achtsamkeit. Da die Probleme in der schulischen Arbeit zunehmen, greifen einige Wissenschaftler/innen auch zu diesen Erkenntnissen. Lehrenden als Ruhepol wird in gegenwärtigen, insbesondere amerikanischen Konzepten herausragende Bedeutung gegeben. Gefragt sind Lehrer/innenpersönlichkeiten, die „selbstreflexiv, achtsam, sensibel für den Augenblick im unterrichtlichen Dialog" agieren (Kaltwasser 2008, S. 16). Ein wissenschaftlich fundiertes Konzept aus den USA ist jenes der „Mindfulness-Based Education" (MBE), welches Methoden der Kontemplation, Selbstwahrnehmung und der Selbstwirksamkeit in der Schule anregt. Es ist belegt, dass sich durch regelmäßige Achtsamkeitsübungen die Selbstwirksamkeit und die Impulskontrolle der Schüler/innen erhöht sowie auch die Frustrationstoleranz gesteigert wird. Dadurch vergrößert sich die Lernleistung und die Entspannungsfähigkeit.

Durch die Art, wie wir sprechen, gestalten wir Kommunikationsmuster und die jeweiligen Beziehungen untereinander. Aktives Zuhören ist eine Grundhaltung. Achtsamkeit und Anerkennung tragen zur Motivation bei, stärken Erfolgserlebnisse und schaffen Selbstvertrauen. Durch die Bewusstwerdung dieser Tatsache kann Gleichberechtigung in Gesprächen realisiert werden.

An anderer Stelle finden sich unter dem Titel "Integralpädagogik und das Kato-Prinzip" einige Anmerkungen zur neuen Art des Miteinander. Das Kato-

Prinzip ist ein Achtsamkeitstraining, das zu menschenwürdiger Kommunikation führt, zum Miteinander und bedeutet „achtsam sein" und „achtsam sprechen". Es hebt das Trennungsdenken auf (vgl. Müller/Girg 2007, S. 77). Der Name Kato bezieht sich auf einen Japaner, der die Aufmerksamkeit trainiert.

Was bedeutet „Kato-Prinzip"?

Mit Kato-Prinzip meint man eine Kommunikation, die auf vier Säulen ruht:
- Vertrauen in sich und andere,
- die eigene Verantwortung übernehmen, für das was wir tun und was uns geschieht,
- Liebe und Achtsamkeit,
- machtfreies Miteinander.

Das Kato-Prinzip dient dem Training der Achtsamkeit, d.h. der Achtung mir selbst, den anderen und der Welt gegenüber. Achtsamkeit ist einer der Schlüssel zur Veränderung. Es geht davon aus, dass Menschen – privat, beruflich und in der Öffentlichkeit – ihr Leben ganz verantworten und auf Misstrauen und Angst völlig verzichten.

- Sie lernen, wie Sie in schwierigen Gesprächen souverän bleiben und nicht hilflos reagieren.
- Sie verstehen, was in der Kommunikation passiert, und können entsprechend fruchtbare Impulse setzen.
- Sie unterbinden nicht produktive Opfer-Täter-Spiele in dem Augenblick, in dem sie entstehen.
- Sie geben keine Verantwortung ab, sondern verantworten alles. Dieser Ausdruck von Stärke bestimmt die Qualität der Kommunikation.
- Sie lassen Schuldzuweisungen, Projektionen und Rechtfertigungen nicht gelten.
- Sie vertrauen sich und allen an der Kommunikation Beteiligten.
- Sie können Konflikte effektiv lösen.
- Sie sind klar in Ihren Aussagen (vgl. http://www.kato-prinzip.de, Stand: 15.11.2009).

Wir gehen davon aus, dass jede Person dies kann. Es wird die eigene Stärke und das volle Potenzial dadurch entdeckt und genutzt.

Das Kato-Prinzip ist ein ganzheitliches Arbeitsmodell. Sein Schwerpunkt liegt auf der unmittelbaren Erfahrung, d.h. dem Erproben neuer Denk-, Sprech- und Handlungsmöglichkeiten. Es ist überall direkt in der Praxis einsetzbar, dort wo sich Konflikte und Probleme ergeben.

Gerald Hüther (2006) belegt, dass Menschen nur zwei Grundbedürfnisse haben: Verbundenheit und Wachstum. Das Gehirn ist so aufgebaut, dass es gelingende Beziehungen will und Vertrauen ist dabei die zentrale Ressource. Vertrauen sollte als Vorleistung gegeben werden. Deshalb ist es wie Gift streuen für das Gehirn, wenn eine Person abgewertet wird. Sie muss sich zurückziehen und sich dagegen wehren. Im Gegenzug dazu ist Wahrgenommenwerden die beste Medizin für Selbstwert und Wertschätzung, damit wird Wertschöpfung produziert. Verbale Drohungen blockieren das Gehirn bzw. rufen das uralte Stammhirn auf den Plan. Dieses ist für Flucht und Totstellen zuständig. Der Mensch ist auf seiner menschlichen Ebene nicht mehr erreichbar. Auch hier wirkt der Faktor Zeit, wie oben erörtert. Extreme Beschleunigung in der Arbeitswelt löscht alle positiven Energien. Achtsamkeit und Einfühlsamkeit verschwinden. Gerade Krisenzeiten brauchen eine Kultur des Zuhörens. Es ist wichtig zu wissen, dass das Gehirn ausschließlich durch Erfahrungen geprägt ist. Jeder Mensch legt so eine „Art Autobahn" in seinem Gehirn an und die Handlungen werden immer so gestaltet, dass die Person dieselben Muster wiederholt. Dies verhindert neue Verschaltungen im Gehirn.

Die Gehirnforschung hat uns viele neue Einsichten und Erkenntnisse geliefert, die wir gerne in die humanistische Denk- und Handlungsweise und somit in das prätranspersonale Paradigma (PTP) aufnehmen. So wird der Vorderhirnlappen auch als 4. Gehirn bezeichnet und steht für geistige Höherentwicklung. Paul Mac Lean nannte es auch „Engelslappen", weil in diesem Teil des Gehirns all die Eigenschaften wie Mitgefühl, Liebe, Einfühlsamkeit und auch fortgeschrittene, intellektuelle Fähigkeiten entwickelbar sind. Die primäre Entwicklung findet gleich nach der Geburt statt, während die sekundäre sich erst zwischen dem 15. bis 21. Lebensjahr vollzieht. Dies gilt aber als eines der „zerbrechlichsten" Systeme im Gehirn, weil die Entwicklung von der Grundlage der anderen 3 Gehirne (Triadisches Gehirn: Stammhirn, limbisches System und Neocortex) und deren Struktur abhängt. Erst auf einer guten Basis kann sich das 4. Gehirn entfalten. Ansonsten zieht es sich auf das Notwendige zurück (vgl. Pearce 2004).

Rücksichtslose Sprache löst Rückzug aus. Denken und Fühlen sind ja nicht getrennt, denn das Gehirn denkt in Emotionen. Weil das Gehirn in Bildern denkt und Bilder sehen will, funktioniert lediglich Vorbildlernen.

Soll Lernen tatsächlich gelingen und pädagogisch klares Handeln sowie Einfühlsamkeit und Grenzensetzen ein rechtes Maß erreichen, ereignet sich Entwicklung optimal. Es kommt dann nach den Erkenntnissen der Neurokardiologie zur Aktivierung des „Herzhirns", das ist der Ort im Herzen, der auch neuronale Zellen aufweist. Das Herz ist das einzige Organ im Menschen, das solche Zellen besitzt. Aber der rein rationale Mensch, der aus dem Intellekt heraus den Schaltkreis an sich reißt und unabhängig vom Herzen handelt, blockt die subtilen Signale des Herzens ab. Er/sie überhört die feinen Signale des Herzens, die aber auf jeden Fall da sind. Ist das höchste Gehirn entwickelt (das 5. Gehirn), hat es Zugang zur Kausalität selbst (in Sanskrit: Turya). Durch dieses Potential können die Primärsysteme verändert werden. Womit die Natur ein weites Bewusstseinsfenster öffnet (vgl. Pearce 2004). Dies sind bereits die ersten Schritte in das transpersonale-integrale Paradigma (TIP), das wir hier nur andeuten.

Indem wir im Umgang miteinander ständig unser Gehirn beeinflussen ist auch die Dialogfähigkeit ein Beitrag dazu, das noch ruhende Potential im Gehirn zu aktivieren und so in vielen, kleinen Schritten das PTP durch Bewusstwerdung zu erweitern. Deshalb wenden wir uns nun dem weiteren Prinzip im PTP zu, nämlich der Dialogfähigkeit.

Dialogfähigkeit - Ich und Du in der Begegnung

Begegnung bedeutet betroffen werden vom Wesen der gegenüberstehenden Person. Der Weg zu sich selbst geschieht im Wagnis, sich auf die andere Person tatsächlich einzulassen. Ein echter Dialog nimmt am Sein der anderen Person teil und ist ein Austausch, der auf Gegenseitigkeit beruht (vgl. Michaelis/Mikula 2007, S. 45). Die Kommunikation kann auf nichtsprachlichen und sprachlichen Ebenen stattfinden und wird auf beiden zugleich geführt.

Über die normale Sprache hinaus gibt es energetische Ebenen, die wir nur über Körpersymptome wahrnehmen. Auch unsere Körpersprache, unbewusst und bewusst, signalisiert oft mehr als die Worte, die wir sprechen. Wir wissen mittlerweile sehr gut aus dem neurolinguistischen Programmieren, dass verschränkte Arme in der Sitzhaltung ein Anzeiger für den Verlauf einer Kommunikation sind. Schultz von Thun (1994, S. 56) spricht von unterschiedlichen Ohren: Appellohr, Beziehungsohr, Sachverhaltsohr und Selbstoffenbarungsohr.

Der Dialog im integralen Prozess geht weiter und wird durch das Zusammenwirken in einer Situation als kreativer Prozess schöpferisch gemeinsam gestaltet. Dieser führt einen aus sich selbst heraus. In ihm öffnet sich das wirkliche Zusammensein. Es geht dabei nicht mehr um das Einnehmen von Standpunkten und Meinungen, sondern um das lebendige Neugestalten. Der Dialog ist ein sich selbst entwickelnder Gedankengang, der von der offenen Mitwirkung der Einzelnen lebt und genährt wird. Über das Individuum hinaus wird er zur Form des kollektiven Denkens, das gedanklich mitgestaltend an dem teilnimmt, was sich kollektiv ereignet. Mit David Bohm wird also davon ausgegangen, dass unterschiedliche Perspektiven in einem Gespräch mögliche, komplementäre Ergänzungen darstellen (vgl. Bohm 1998, S. 32ff.).

Für den Fließprozess des Gesprächs ist es nötig, gedanklich mitzugehen. Jede/r Teilnehmer/in entwickelt ein Gefühl dafür, wann die eigene Meinung eingebracht werden kann. Einschießende Gedanken einzelner Gruppenmitglieder sind von allen Anwesenden ernst zu nehmen. Nur so wird es möglich aus dem inneren Universum der eigenen Gedanklichkeit etwas aus der ursprünglich inneren Form eines Selbstorganisationsprozesses zu generieren, das durch den Dialogprozess ausgelöst wird (vgl. Girg 2007, S. 256).

> „Der Sinn des Dialogs ist nicht, etwas zu analysieren, eine Auseinandersetzung zu gewinnen oder Meinungen auszutauschen. Das Ziel ist vielmehr, die eigenen Meinungen in der Schwebe zu halten und sie zu überprüfen, sich die Ansichten aller anderen Teilnehmer anzuhören, sie in der Schwebe zu halten und zu sehen welchen Sinn sie haben. Wenn wir erkennen können welchen Sinn all unsere Meinungen haben, teilen wir einen gemeinsamen Gedankeninhalt, selbst wenn wir nicht völlig übereinstimmen. (…). Wir können einfach das Verständnis der verschiedenen Bedeutungen miteinander teilen. Und wenn wir dies tun, zeigt sich vielleicht unangekündigt die Wahrheit – ohne dass wir sie gesucht hätten" (Bohm 1998, S. 66f.).

Wenn wir unsere Meinungen auf gewöhnliche Art verteidigen, werden wir keinen echten Dialog führen können. Manchmal verteidigen wir unsere Meinungen unbewusst. Normalerweise tun wir es nicht mit Absicht.

„Wir haben nur das Gefühl, dass etwas so wahr und richtig ist, dass wir gar nicht anders können, als zu versuchen, diese dumme Person davon zu überzeugen, wie unrecht sie hat, wenn sie anderer Meinung ist als wir. Das scheint die natürlichste Sache der Welt zu sein. Scheinbar ist es unvermeidlich. Aber wenn wir einmal darüber nachdenken, ist es eigentlich unmöglich, auf dieser Basis eine gut funktionierende Gesellschaft aufzubauen" (Bohm 1998 S. 41f.).

Die Schwierigkeit tritt auf, weil Dialoge auch nicht immer unterhaltsam sind und ein direkter Nutzen kaum sichtbar ist. Der Mensch neigt zum Aufgeben bei Schwierigkeiten. Uns scheint es wichtig, diese neue Form des Miteinander zu erproben mit dem Ziel, im Wissensnetz und im kollektiven Bewusstsein einer Gesellschaft allmählich neue Formen des dialogischen Miteinander zu entwickeln. Lehrer/innen sind in diesem Zusammenhang als Bildungsverantwortliche das Kommunikationsmodell schlechthin.

Abb. 6

Ein weiterer Aspekt im prätranspersonalen Paradigma und einem erweiterten Bewusstsein betrifft die Art und Weise des Umgangs mit sich selbst. Um der einschränkenden Perspektive von geringem Selbstwert, sowie gegenseitiger Abwertung, entgegenzuwirken, benötigen wir neue Ziele und nährendes Erleben im Miteinandersein. Grundlage dafür sind unter anderem Respekt und Akzeptanz.

Respekt und Akzeptanz – Ressourcen des Menschseins

Aus der dialektischen Verschränktheit von Autonomie und Bezogenheit, von Ich und Du, von Anderssein und Vertrautheit wird ein Raum für das prätranspersonale Wachsein geschaffen (Michaelis/Mikula 2007, S. 46). Carl Rogers formulierte bereits 1988 folgende Merkmale, die Respekt und Akzeptanz im Gespräch von Menschen fördern. So nennt er z.B. Echtheit – Einfühlung – Offenheit und Anerkennung und führt den Aspekt „bedingungslose Wertschätzung" ein (vgl. Rogers 1988).

In einer integralen Pädagogik geht es um ein Miteinander- und ein Füreinanderdasein. Die Zeit des „Gegeneinander" ist Teil des „alten" Denkens im TMP. Das „Alte" war geprägt vom Vorherrschen der mental-rationalen Bewusstseinsstruktur, deren Hauptmerkmale die Machtausübung und die Angst sind. Erziehen ist mit anderen etwas machen wollen. Hierbei spielt die verbale Kommunikation eine bedeutende Rolle (vgl. Müller/Girg 2007, S. 71).

Eine andere Qualität im Leben ist nur durch Bewusstwerdung der alten, einschränkenden Verhaltensweisen erreichbar und dies verlangt weitaus mehr Wachheit sich selbst gegenüber und die Bereitschaft über das nachzudenken, was ich selbst mache und tue. Dies führt uns in den Bereich von Reflexion und Selbstreflexion.

Reflexion und Selbstreflexion

Im Übergang in ein neues Denken und Handeln im pädagogischen Kontext ist Reflexion und Selbstreflexion eine unverzichtbare Hilfe bei der Lösung aus den eingefahrenen „Autobahnen" der Macht und Angstkultur. Wie auch die Gehirnforschung zeigt sind diese sehr hinderlich auf dem Weg der Entwicklung zum selbstbewussten und verantwortungsvollen Menschen.

Reflektieren zu lernen und kontinuierliches Nachdenken über die eigene Unterrichtspraxis ist ein wichtiges Ziel jeder Lehrer/innenausbildung und alle berufstätigen Lehrer/innen sollten über ein gewisses Fundament zum kritischen Nachdenken verfügen. Fragen wie „Was für ein Lehrer/eine Lehrerin möchte ich sein?" „Wie habe ich die Schüler/innen wahrgenommen, wie mich selbst?", Ist mein Unterricht gelungen?", „Wie ist mein pädagogisches Selbstkonzept?" helfen Klarheit zu gewinnen über eigene Stärken und Schwächen und bilden eine gute Basis für die Annäherung an ein ehrliches Miteinander. Dies ist in der Regel eine Arbeit, die in Gruppen und zu zweit zu geschehen hat, da jede Person über den sogenannten blinden Fleck verfügt und oft das eigene Haupthindernis nämlich die „zu große Vertrautheit mit dem eigenen Verhaltensmuster" nicht erkennt. Dies erfordert eine spezielle Fokussierung in der Lehrer/innenaus- und -weiterbildung und betrifft den Bereich emanzipativer Persönlichkeitsbildung.

Selbstreflexion und Befreiung aus der eigenen Vorfestgelegtheit – darauf weist Krishnamurti mit aller Deutlichkeit hin. Diese Tatsache beschreibt er mit dem Wort „Conditioning".

> „Our mind is conditioned, that is an obvious fact – conditioned by so many things like cultures, society, relationships, religious conformity, etc. So our first question is, can the mind, so heavily burdened, resolve completely, not only its conditioning, but also its fears? It is fear that makes us accept conditioning" (vgl. Krishnamurti 1997 zit. n. Müller/Girg 2007, S. 55).

Die Festgelegtheit wirkt wie ein trennender Filter und zeigt sich auf unterschiedlichen Ebenen. Es geht aber um ein Ablegen von vertrauten Brillen, damit das neue frische „Licht" innen und außen wahrgenommen werden kann. „It would be immensely worthwhile to see if one could be a light to oneself, a light that has no dependence on another and that is completely free" (Krishnamurti 2005, S. 17 zit. n. Müller/Girg 2007, S. 56). Dieser Prozess verlangt eine innere Haltung von Offenheit und Bereitschaft, sich auf unbekanntes Terrain einzulassen. Dies ist ungewohnt für die meisten Lehrer/innen und benötigt Mut, weil von erhofften Ergebnissen Abstand zu nehmen ist im Sinne eines freien Fließenlassens zur Aufgabe hin. Vorfestgelegtheiten würden freie Entfaltung des Handelns beeinträchtigen und sogar kreativ die Entstehung von Kommendem unmöglich machen. Damit diese Offenheit überhaupt entstehen kann, ist eine durchgehende Selbstreflexion Voraussetzung (vgl. Müller/Girg 2007, S. 58f.).

Wir richten den Blick nun auf die Breema®-Arbeit Dies ist eine praktische Weise der Umsetzung all der Bereiche, die wir bisher anklingen haben lassen.

4. Ein Praxisweg: Breema®- Prinzipien und Breema®-Körperarbeit

Im folgenden werden Haltungen des Wohlbefindens beschrieben, nämlich wie Breema® empfiehlt, mit Gefühlen umzugehen. So wird eine praktische Handhabe gegeben, worin sich viele Perspektiven des prätranspersonalen Paradigmas widerspiegeln.

Breema® - Zusammenspiel der Kräfte

Wir schaffen durch das geeinte Zusammenwirken des Denkens und des Körpers die Möglichkeit dazu die Gefühle besser wahrzunehmen und zu erkennen.

Der Leiter des Breema®-Zentrums in Oakland, Jon Schreiber (2008, S. 79) nennt folgende Möglichkeiten, wie wir unsere Gefühle unterstützen können:

Haltungen des Wohlbefindens werden kreiert , …

1. wenn wir bei unseren täglichen **Aufgaben präsent** sind,

2. wenn wir **weniger beurteilen,**

3. wenn wir uns selbst und die Menschen um uns herum **akzeptieren,**

4. wenn wir mit **Aufmerksamkeit** handeln und unsere Fähigkeiten ausschöpfen,

5. wenn wir **bereitwillig tun,** was getan werden muss,

6. wenn wir uns **den Bedürfnissen** unserer Freunde und Nachbarn gegenüber **öffnen,**

7. wenn wir uns eines **größeren Daseins gewahr sind** und dieses Gewahrsein im Handeln und Tun in uns tragen,

8. wenn wir uns **in Güte und Vergebung** üben,

9. wenn wir den **Wunsch** haben über **Mitmenschen nicht negativ** zu denken,

10 wenn wir uns erlauben, die **einfachen Freuden** des Lebens zu schätzen,

11. wenn wir **unser Leben in Dankbarkeit** leben für das, was uns gegeben wird,

12. wenn **wir anerkennen**, dass wir durch unsere Umgebung **Unterstützung** erfahren,

13. wenn wir uns **erinnern**, wie liebenswert unsere **Eltern** sind und was wir ihnen **verdanken,**

14. wenn wir den **Wunsch** haben **jeden zu unterstützen**, von dem wir Unterstützung erfahren,

15. wenn wir die **guten Taten anderer anerkennen** und respektieren,

16. wenn wir Dankbarkeit empfinden für das alltäglich Erreichte,

17. wenn **wir Nährendes über Stimulierendes stellen,**

18. wenn wir für uns **selbst** einfach und wirksam **Sorge tragen,**

19. wenn wir uns **der Vergänglichkeit des Körpers erinnern,**

20. wenn **wir jede Gelegenheit** so sehen als **wäre sie einzigartig,**

21. wenn **wir offen** dafür sind **gegensätzliche Seiten zugleich** zu sehen,

22. wenn wir uns daran **erinnern, dass das Leben Sinn** hat,

23 wenn wir den **Wunsch** haben, dieser **Sinn möge** sich **offenbaren,**

24. wenn wir **ohne Worte beten,**

25. wenn wir nicht aus Schwäche, sondern **aus unserem Wissen heraus ja und nein** sagen,

26. wenn wir **Geld als Energie** und **Energie als Geld** sehen und weise wirtschaften,

27. wenn wir **andere so behandeln, wie wir behandelt werden möchten,**

28. wenn wir **dem was andern gehört** und was sie für sich erreicht haben mit **Wohlwollen und Respekt** begegnen,

29. wenn wir **Einfachheit höher achten als Kompliziertheit,**

30. wenn wir **wünschen, das zu sagen was wir wissen** und **vermeiden, zu sagen, was wir nicht wissen.**

Mit dieser **Breema®-Charta** gibt es eine Richtung. Wir erleben, dass es nicht immer leicht fällt, sich so zu verhalten, aber wenn es den Wunsch in mir gibt, das PTP zu beachten, dann ist das eine große Hilfe auf dem Weg zu einem bewussteren Leben.

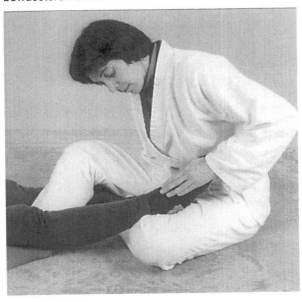

Abb. 7: Breema®-Partnerbehandlung durch zertifizierte Instruktorin des Breema®-Zentrums Oakland

Mit dieser geistigen Haltung wollen wir uns nun drei weiteren Breema®–Prinzipien zuwenden.

Keine Eile – keine Pause

Dieses Prinzip meint zunächst, dass es im natürlichen Lebensrhythmus keine Eile und keine Unterbrechung gibt. Alles was geschieht, geschieht einfach. In jedem Augenblick manifestiert sich die Ganzheit. Alles ist einfach, wie es ist.

Für den Verstand, der gewohnt ist alles zu tun – ist das schwer zu verstehen. Mit diesen Prinzipien lernen wir dem Verstand, dass er auch loslassen kann und nicht alles sein Job ist. Das ist ein Entlernen und ein tieferes Verstehen.

Um zu erklären, was dieses Prinzip bedeutet, gibt Schreiber (2008) die Anregung, es einfach anzunehmen und damit zu arbeiten z. B. bei Alltagsroutinen, in der Freizeit, im Beruf. Dabei erlebe ich, wenn ich Auto fahre, spreche, gehe, Geschirr abwasche oder den Staubsauger repariere, dass dieses Prinzip kein Konzept ist, es ist eine klare Erfahrung, die ich für mich selbst mache. Ich erlebe dabei etwas, was jenseits meiner Konditionierung ist. Und ich betrete dabei die Welt, die mir eine Wesensbeteiligung aufzeigt. Durch dieses Prinzip trete ich in die Gegenwart ein und finde eine innere Atmosphäre (vgl. Schreiber 2008, S. 53).

Es ist klar, dass Breema® einen Paradigmenshift aufzeigt. Lassen wir uns also ein auf dieses Abenteuer. Die Prinzipien sind Wegmarker und machen neugierig darauf, worauf „keine Eile – keine Pause" hinweist. Hier löst sich das konzeptuelle Wissen mehr und mehr auf und ich forsche an dem was im Jetzt in mir passiert - und zwar im Alltag genauso wie bei einzelnen Breema®-Übungen.

Keine Kraftanwendung

Wenn wir das Konzept vom Getrenntsein loslassen, lassen wir auch die Anstrengung los. Dazu denken wir nach, was Kraftanwendung eigentlich ist. Es könnte als eine Beziehungsform von voneinander, getrennten Dingen bezeichnet werden. Also wie eine Energie, die etwas außerhalb von sich selbst bewegt. In Wirklichkeit jedoch sind keine zwei Dinge voneinander getrennt.

Im Breema® spricht man von einer Materie, einer Energie, einem Bewusst-sein und einem Gewahrsein. Darin ist die Gesamtheit von Wechselbeziehun-gen einbezogen. Damit sind wir untrennbar verbunden mit der Gesamtheit. Daher gibt es in der dynamischen Natur des Seins keine Kraftanwendung. Es entspricht vollkommen unserer Natur, mit dem Dasein im Einklang zu sein. Wir geben einfach die Vorstellung auf, dass wir vom Dasein getrennt existie-ren. Wenn das geschieht, hören wir auch auf damit, Kraft anzuwenden.

In unseren Tätigkeiten verwenden wir nicht unsere „eigene" Energie, sondern die universelle Energie, das „unbegrenzte Kapital" des Seins, dessen un-trennbarer Teil wir sind. Tatsächlich sind unsere Energie und die universelle Energie eins. Wenn wir frei von unserem Selbstbild sind, sind wir einfach prä-sent. Alles was wir dann tun, geschieht als integrierter Bestandteil der har-monischen Wechselbeziehung von allem was existiert – darin liegt keine Kraftanwendung. Wenn wir nicht präsent sind, benutzen wir unseren Körper, unseren Verstand und unsere Gefühle auf unnatürliche Weise. Je mehr wir diese „Werkzeuge" miteinander in Einklang bringen, desto weniger Kraft wenden wir an. Wenn wir versuchen, eine Tür mit nur einem Finger zu öffnen, müssen wir viel Kraft aufwenden. Aber wenn wir unseren ganzen Körper zum Öffnen der Türe einsetzen, ist viel weniger Kraft notwendig (vgl. Schrei-ber/Berezonsky 2003, S. 25).

Auch bei anderen Autor/innen wird in der Essenz oft dasselbe angesprochen. So finden wir bei Bauer (2007, S. 80) zum Beispiel, dass das Auftreten von Lehrer/innen und die Art des Selbstwertes der Lehrperson von wesentlicher Bedeutung sind. Schüler/innen nehmen diese Signale der körperlichen Hal-tung und die Art der Präsenz sensibel wahr. Sie checken blitzartig, ob „sich Lehrer/innen gehetzt fühlen und sich jagen lassen an ihrem zu schnellen Gehtempo, an der angespannten Körperhaltung, etc. Dies entspricht auch dem Breema®-Prinzip der „Präsenz". Es wäre wunderbar, dürften wir schon in der Schule als Kinder den eigenen Körper ernst nehmen und ihn in das Lernen miteinbeziehen. Bewusst erfahren, dass „der Körper atmet und der Körper Gewicht hat".

Lehrer/innen, die darüber mehr bewusst sind, werden dies auch bei ihren ih-nen anvertrauten Schüler/innen mehr schulen. Eingebunden in dieses

Grundprinzip findet sich die Bestimmtheit und Sanftheit als ein nächster, wichtiger Erkenntnisschritt:

Bestimmtheit und Sanftheit

Wirkliche Bestimmtheit ist immer sanft.
Wirkliche Sanftheit ist immer bestimmt.

Bestimmtheit entsteht aus der Verbindung mit dem Körper. Dadurch hat die Berührung eine natürliche Kraft, da die Hände mit der Unterstützung des ganzen Körpers berühren. Wir müssen nicht irgendetwas "tun", um unsere Berührung bestimmt zu machen. Ohne Kraft anzuwenden, drücken unsere Hände Bestimmtheit aus. Wenn wir gegenwärtig sind, dann wissen wir es. Bewegungen und Berührungen sind bestimmt und haben Substanz. Die Berührungen sind bestimmt, weil der Verstand offen und empfänglich daran beteiligt ist.

Bestimmtheit und Sanftheit sind nie getrennt, sie sind immer zusammen, zwei notwendige Aspekte derselben Energie und der einen Wirklichkeit. Sie ergänzen einander. Mit diesen beiden finden wir die Möglichkeit mentale und emotionale Zustände so aufeinander abzustimmen, dass sie sich gegenseitig unterstützen. D. h. wir fühlen, was wir denken und denken, was wir fühlen. Das hebt die Qualität der Gedanken und wir nehmen wahr, ob sie Wahrheit enthalten oder ob wir weit davon entfernt sind. Die echten Gefühle beruhen nicht auf Sympathie oder Antipathie, denn sie haben nur ein Ziel präsent zu sein und die Aktivität des Verstandes bei der Bewusstwerdung zu unterstützen (vgl. 2008, S. 103).

Die neun Prinzipien sind nicht etwas,
das Sie ein für alle Mal beherrschen können,
weil jedes Prinzip endlos ist.
Doch weil die Prinzipien richtungsweisend sind,
wächst Ihr Verständnis,
wenn Sie mit ihnen arbeiten.

Abb. 8: Breema®-Partnerbehandlung durch den Leiter des Breema®-Zentrums in Oakland, Jon Schreiber

Die Breema®-Prinzipien machen deutlich, dass alles auch gelebt werden will. Es geht darum, die Botschaften des neuen Denkens zu fühlen und fühlbar im eigenen Leben zu realisieren. Deshalb ist all das, was hier anklingt keine graue Theorie, sondern der Ausdruck des höchst lebendigen Daseins. Darauf fokussiert Breema®. Wir sind eingeladen durch eine solche Praxis, den lebendigen „Geschmack" zu finden, um so allmählich aus den erstarrten Mustern auszubrechen. Weil das prätranspersonale Paradigma (PTP) letztendlich weiter ist als das traditionell-mechanistische Paradigma (TMP), wird kaum jemand nach dem Alten greifen wollen, sobald er/sie den Geschmack dieser Qualität der Freude und Leichtigkeit in sich entdeckt hat.

Respekt, Akzeptanz und Dialogfähigkeit, sowie der neue Umgang mit Zeit in der Schule sind wichtige Parameter in der Gegenwart. Es ist vorteilhaft Klarheit darüber zu haben, dass wir selbst es sind, die diese neuen Kräfte formen und einbringen. Selbstverantwortung ist der Schlüssel der heutigen Zeit. Wie wir uns dieser Ressourcen bedienen, im beruflichen Alltag oder privat, werden wir durch unser Handeln erfahren und durchleben.

Gerhild Bachmann, Daniela Michaelis, Martina Tscherny

Wege in die Zufriedenheit im Lehrberuf –
Ergebnisse einer empirischen Begleitforschung

Wir gehen in die Praxis!

Wir berichten über eine aktuelle Forschungsarbeit und unsere Frage ist: Wieso ist überall soviel Stress und wie lässt sich dieses Phänomen in den Griff bekommen? Forschungstagebücher erscheinen uns als hilfreiche Instrumente und Breema®-Übungen sowie deren Prinzipien werden als praktische Wege vorgestellt. Hierfür wird in einem Pilotprojekt an der Universität Graz in Zusammenarbeit mit Uni for Life mit einer Kleingruppe von Lehrer/innen in einem Zeitraum von sechs Wochen kontinuierlich gearbeitet. Ausgebildete Breema®-Lehrerinnen unterrichten diese Kleingruppe. Ein Auszug der Forschungsergebnisse gibt eine aussagekräftige Antwort.

Niemand zweifelt mehr an, dass Lehrer/innen großem Stress ausgesetzt sind z. B. durch globale Herausforderungen, die Zunahme von Projekten und die Anforderungen der eigenen Familie. Wer kann da noch frei bleiben von dem Phänomen alles noch besser und rascher erledigen zu müssen? Nachrichten lassen uns wissen, dass beispielsweise in Österreich jede/r Fünfte am Burnout-Syndrom leidet (Profil, 10. Juli 2006, S. 83), welches häufig durch Überlastung und emotionalen Stress entsteht. Viele Betroffene wie Manager/innen, Mediziner/innen, Lehrer/innen und auch Arbeitslose erleben, dass plötzlich gar nichts mehr geht. Besonders Belastungen im Lehrberuf sind ein Thema in der Öffentlichkeit. Im Spiegel (2005) heißt es, Lehrpersonen seien unfähig und unwillig, sich den Anforderungen ihres Berufes zu stellen – und tun sie es doch, werden sie krank. Oelkers (2007, S. 185) meint, dass gestresste und mit sich unzufriedene Lehrer/innen, außerstande sind, mit Schwierigkeiten des Alltags für sich zufriedenstellend umzugehen.

Leistung ist in unserer Kultur ein entscheidender Faktor für Erfolg und rangiert an alleroberster Stelle. Das führt bisweilen dazu, dass das Individuum keine Distanz mehr hat, immer noch besser werden will und noch mehr leisten möchte. Diese Tatsachen sind für uns Anlass, die Bedingungen im schulischen Alltag genauer zu untersuchen, um diesem Phänomen näher zu kommen, um nicht weiterhin hilflos ausgeliefert zu sein. Das Forschungsinteresse gilt den Möglichkeiten der Stressreduzierung.

Selye (1974) bezeichnet Stress als Belastungen, denen ein Lebewesen täglich durch Lärm, Hitze, Frustrationen, Schmerz und vieles andere ausgesetzt ist. In der Regel spricht man von Stress, wenn ein Mensch nicht mehr in der Lage ist, bestimmte Lebensumstände zu bewältigen. Die Valenz von stressauslösenden Ereignissen kann sehr unterschiedlich sein. Es kann zu verschiedenen Tönungen des Stresserlebens kommen. Stresssymptome können auf der physiologischen, der Verhaltens- und der Erlebnisebene in Erscheinung treten und unterschiedliche Stärkegrade haben.

Wie gehen Lehrkräfte mit Belastungen um?

In der Literatur finden wir alarmierende, empirische Befunde zum vielseitig bearbeiteten Thema Burnout. Es ist hilfreich, verschiedene Fakten zu sichten, wie und wodurch die Belastungen im Lehrer/innenberuf so hoch sind. Insbesondere sind die gesellschaftlichen Rahmenbedingungen entscheidend. Ein erhebliches Problem ist es, dass Forscher/innen nicht wissen können, ob die Probleme, die im Unterricht entstehen objektiver oder subjektiver Natur sind. Hervorstechend ist, dass im Lehrberuf kaum Karrieremöglichkeiten bestehen und dass eine große Ambivalenz zwischen pädagogischer Freiheit und bürokratischen Schranken existiert. Es gibt keine Grenzen für das Arbeitspensum: Es kann nie genug sein – es kann immer noch mehr getan werden. Die Erwartungen sind zum Teil widersprüchlich und ein vollständiges Erfüllen der Aufgabenspektren ist nicht möglich. Die vielfältige, psychische Belastung durch die unterschiedlichsten Rollen, in die ein/e Lehrer/in gestellt ist, erfordert eine geistige und psychische Schulung.

In der Lehrer/innenausbildung werden diese Erkenntnisse äußerst marginal thematisiert und selbstreflexive Denk- und Handlungsweisen finden wenig Eingang.

Die Arbeitsbedingungen in der Schule haben sich in den letzten Jahren drastisch verändert. Die Lehrer/innen sind gefordert auf veränderte Bedingungen adäquat zu reagieren. Dies verlangt vollkommen andere und neue Kompetenzen, die bislang nicht genügend Eingang gefunden haben.

Klippert (2006) formuliert Entlastungsansätze für eine interne, schulische Weiterbildung in Richtung neuer Kompetenzen. Einige davon seien hier angeführt: z.B. die Entlastung durch verstärkte Lehrer/innenkooperation und gegenseitige Unterstützung auf unterschiedlichen Ebenen, wirksame Teamarbeit und die Feststellung, dass sich gemeinsam mehr erreichen lässt. Wir gehen davon aus, dass all diese wünschenswerten Ziele von jeder einzelnen Lehrperson als wichtig erkannt und im jeweiligen, persönlichen Handeln realisiert und umgesetzt werden sollten. Dazu braucht es eine subjektive Lern- und Erkenntnisebene, die von der Lehrperson als persönlich wertvoll erlebt wird. Nur dann wird er/sie bereit sein, etwas davon in die Schule einfließen zu lassen. Den Anforderungen gerecht zu werden, welche von den Schüler/innen, den Eltern, dem Kollegium und von einem selbst kommen, ist eine große Herausforderung.

Wir lenken nun den Blick auf neue Wege, stellen die Breema®-Arbeit als eine mögliche Form von Intervention vor und treten mit folgenden Hypothesen und Methoden an dieses Problem heran.

Breema®, eine Methode, die eine Art Yoga ist und ihren Ursprung im Osten hat, ist einer der Autorinnen (Daniela Michaelis) in einer Weiterbildung in den USA schon in den 90er Jahren begegnet. Jon Schreiber ist seit 30 Jahren der Direktor des Breema®-Centers in Oakland, California und verfügt über einen unglaublichen Erfahrungsschatz mit Breema®-Arbeit. Mittlerweile gibt es in Österreich und Deutschland dazu Ausbildungen und Breema®-Studien mit Schüler/innen und Lehrer/innen (Weiss 2002).

Breema®-Körperarbeit hat zum Ziel, Körper, Geist und Seele im Hier und Jetzt in Einklang zu bringen. Dabei wird die Aufmerksamkeit auf wesentliche, geistige Breema®-Prinzipien gelenkt. Es gibt Partnerübungen, die im Liegen am Boden stattfinden und Selbst-Breema®-Übungen die jede/r für sich machen kann. Eine genaue Form der Abläufe wird von einer/m Breema®-Lehrer/in vorgezeigt bei Berücksichtigung von neun ganzheitlichen Prinzipien. Das Ziel ist es, die vorgestellten Prinzipien zu internalisieren und diese in konfliktreichen Situationen anwenden zu können.

Unsere Herangehensweise umfasst also ein Setting, indem wir versuchen, mit praktizierenden Lehrer/innen deren Bedürfnisse und Probleme zu hören und zu diskutieren, sowie ein Setting bereit zu stellen, das auch problemlösende Möglichkeiten außerhalb des bisher bekannten Denkrahmens liefert. Der Leitgedanke des Breema®-Ansatzes ist dabei, dass „das Universum mit den neun Prinzipien der Harmonie" funktioniert. Diese Prinzipien sind in jedem von uns – nicht in einem äußeren Aspekt, nicht in dem, was wir zu sein meinen, sondern im eigenen Selbst (vgl. Schreiber 2008, S. 46).

Absicht ist es, diese Breema®-Prinzipien so gut zu internalisieren, dass sie von den Lehrer/innen unterrichtsmäßig und persönlich im Leben umgesetzt werden können. Niemand kann die Prinzipien beherrschen, aber man kann sich ihnen annähern, sich in ihre Richtung bewegen. Jedes Prinzip ist wie ein endloser Berg, dessen Gipfel man nie erreicht. Doch im Klettern wird der Gipfel sehr lebendig. Jeder zu einem Prinzip hinführende Schritt führt zur Präsenz und es gibt verschiedene Grade der Präsenz. Je gegenwärtiger ich bin, desto mehr erahne ich, das ich nicht nur aus Gedanken und Gefühlen bestehe (vgl. Schreiber 2008, S. 47).

Selbst-Breema®-Übungen sind leicht in den Alltag und das Berufsleben einzubauen. In der Bewusstheit, dass wir wach sind und nicht nur „Maschinen" in der Gesellschaft, wird jede Tätigkeit bewusst durchgeführt und ist so auch eine Selbst-Breema®-Übung. Im Selfcare-Projekt für Lehrer/innen (2007), das wir weiter unten genau beschreiben, gilt das Hauptaugenmerk den **neun Breema®-Prinzipien** (Schreiber 2008, S.15):

> ➢ Der Körper ist bequem
> ➢ Nichts extra
> ➢ Bestimmtheit und Sanftheit
> ➢ Ganze Beteiligung
> ➢ Gegenseitige Unterstützung
> ➢ Keine Beurteilung
> ➢ Keine Eile – Keine Pause
> ➢ Einziger Moment – einzige Aktivität
> ➢ Keine Kraftanstrengung.

Diese Breema®-Prinzipien werden von den Breema®-Instruktorinnen - Mirijam Fink und Daniela Michaelis - vorgestellt mit dem Ziel, diese Richtlinien selbst im schulischen Alltag auszuprobieren. Körperarbeit soll den Teilnehmer/innen helfen, den stressigen Alltag in den Griff zu bekommen. In diesem Beitrag gehen wir auf drei Prinzipien, nämlich „Beteiligung des ganzen Körpers", „der Körper ist bequem" und „Nichts extra" näher ein.

Bei Breema® geht es um Selbsterkenntnis, Selbstverständnis, Selbstverwirklichung und Transformation. Was hat die Körperarbeit damit zu tun? Wir verlassen uns auf den Verstand und die Gefühle, aber diese haben nicht die Fähigkeiten, die wir ihnen zuschreiben. Wir sind bereits vollgefüllt mit ungenauem Wissen, welches wir auf zufällige Art und Weise erlangt haben. Deshalb sind die Gefühle und der Verstand manchmal chaotisch - und wer kennt das nicht? Das sind zum Teil Konditionierungen, die uns „festmachen" - eng könnte man auch sagen – und das kann nicht durch einen anderen Gedanken ausgeglichen werden, weil unser Verstand sich sofort und automatisch unserer Konditionierung gemäß umformt, d.h. der Verstand lernt zwar mit – und das schnell und gut – aber er führt uns nicht über unseren uns bekannten „kleinen Garten" hinaus.

Wie aber wird der Mensch frei von diesen einengenden Konditionierungen? Eine Möglichkeit liegt im Vorgang der „Dekristallisierung". Wir praktizieren Breema® Körperarbeit – um eine neue, noch nie dagewesene Erfahrung zu machen. Und weil jede Berührung in Breema® den neun universellen Prinzipien der Harmonie entspricht, kann diese Erfahrung nicht mechanisch durch unsere konditionierten Reaktionen verarbeitet werden (vgl. Schreiber 2008, S. 23).

Jedes Breema®-Prinzip ist in jedem anderen enthalten und hilft uns, alte Konditionierungen zu durchbrechen. Häufig sind wir nicht präsent, sondern stets in der Vergangenheit und in der Zukunft und uns ist nicht bewusst, dass wir existieren. Wir wollen mit den Prinzipien diese neue Haltung dem Leben gegenüber üben (Schreiber 2008, S. 24). Jedes Prinzip weist uns den Weg auf seine eigene Weise. Und jedes Prinzip hat viele Dimensionen. Wenn du ein Prinzip auf der Ebene anwendest, auf der du dich befindest, führt es dich in eine andere feinere Dimension. Daraus begründet es sich, dass die Prinzipien Orientierung geben (vgl. Schreiber 2008, S. 29).

Beteiligung des ganzen Körpers

Das Prinzip den ganzen Körper einzusetzen, steht in einer natürlichen Wechselbeziehung zum Prinzip des körperlichen Wohlbefindens. Bei Breema®-Übungen werden die Bewegungen aus der Körpermitte heraus gesteuert und ausgeführt. „Breema® lässt Bewegungen ohne Anstrengung geschehen, weil es vom Körper nie etwas verlangt, was für ihn unnatürlich ist" (Schreiber 1998, S. 24).

Ein kleines Beispiel: „Handgeben": ich gebe jemandem die Hand. Ich entspanne dabei die Hand damit sie mehr Kontakt zur Hand der anderen Person hat. Das ist ein mehr an Beteiligung. Nun lass ich das Gewicht meines Körpers zu meinem Arm kommen. Das ist ein weiterer Schritt und soll als ganze Beteiligung akzeptiert werden. Aber ich kann noch weiter gehen. Ich könnte bemerken, dass mein Verstand irgendwo anders ist. Also bringe ich die Aufmerksamkeit des Verstandes zur Aktivität des Körpers. Dann bin ich noch mehr beteiligt. So kann ich fortfahren. Bis ich zur Dimension des Bewusstseins komme. Bewusstsein muss auch beteiligt sein, damit es wirklich ganze Beteiligung ist. Ich habe einen Geschmack des Daseins. Nur wenn ich mir der Tatsache bewusst bin, dass ich existiere und dies auch schmecke, kann ich wirklich sagen, ich bin bewusst. Wenn dieses Bewusstsein vorhanden ist, wenn ich jemanden die Hand gebe, dann erst beteilige ich mich als Ganzes (vgl. Schreiber 2008, S. 30).

Mit dieser Haltung „Beteiligung des ganzen Körpers" im Unterricht achte ich als Lehrer/in darauf mit allen Sinnen, mit den Gedanken und mit der Gestik des physischen Körpers selbst voll präsent zu sein. Außerdem ist mir bewusst, dass ich meinen Unterricht so organisiere, dass auch die Schüler/innen selbst voll da sein können und so ein möglichst authentisches Miteinanderlernen und -sein möglich wird. Dies führt zu einem befriedigenden Austausch. Die Schüler/innen erleben sich direkt und der/die Lehrer/in ebenso. Wachsamkeit und Präsenz werden deutlich erhöht und ein inneres Lächeln - das manchmal auch im außen sichtbar wird - wird erlebbar. In dieser Geisteshaltung lösen sich so manche große Probleme von selbst.

Wenn ich lebendig bin

Wenn ich wach bin,

wenn ich verbunden bin

mit der natürlichen Intelligenz und der

instinktiven Weisheit meines Körpers,

ist alles, was ich tue, Breema.*

Breema® ist hilfreich, wenn es mein Ziel ist, als eine authentische Lehrer/innenpersönlichkeit in der Klasse zu stehen und nicht irgendwelchen Konzepten nachzurennen, die mich von meinem inneren Gewahrsein trennen.
Schüler/innen der heutigen Generation haben sehr feine Antennen für „Falschheit" und reagieren darauf sehr oft aggressiv oder störrisch. Dieses Prinzip hilft mir eine Richtung des Lebens zu erforschen, die sich auf Einfachheit, und Echtsein im Kontakt miteinander stützt. Das Gute daran ist, dass auch ich als Lehrer/in eine Lernende bleiben darf, Fehler machen, und mich so zeigen darf, wie es jetzt eben ist. Dies lässt so manche innere Anstrengung gehen und führt nicht nur mich als Lehrer/in, sondern auch meine Schüler/innen in Menschlichkeit, die das Herz berührt, bei gleichzeitiger Klarheit und der Fähigkeit ohne Zögern auch notwendige Grenzen zu ziehen und zu setzen.

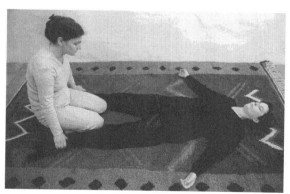

Abb. 9: Breema®-Partnerübung

Der Körper ist bequem - Körperliches Wohlbefinden

Bei diesem Prinzip steht an erster Stelle, dass es dem Körper in jedem Moment gut geht und ich bewusst darauf achten lerne. Dieser Moment beginnt bevor die Körperstelle einer Person berührt wird. Bevor die Behandlung gemacht wird, werden einige tiefe Atemzüge genommen. Diese helfen, dass mehr Wachheit betreffend Körper, Verstand und Gefühl entsteht.

Durch mehrmaliges Tun nimmt die Bewusstwerdung zu. Dies erhöht die Entspannung und mehr Energie ist zugänglich.

Wenn wir darauf achten, dass der eigene Körper in einer bequemen Haltung ist, verschwindet die Sorge um den/die Partner/in und damit auch die Bewertung. An deren Stelle tritt Akzeptanz, die es dem/der Partner/in ermöglicht, sich für das zu öffnen, was in diesem Augenblick benötigt wird. Das Wesen wird genährt (vgl. Schreiber 1998, S. 72).

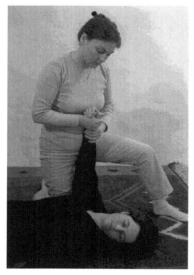

Jede Übung im Breema® ist eine Möglichkeit sich selbst in diesem Moment in seiner Bewusstheit zu erfahren. Es ist nicht die Idee dahinter, du bist krank und ich muss dir helfen. Nein es geht von der Erkenntnis aus, dass wir beide davon profitieren und eine Gelegenheit bekommen haben, eine bewusste Erfahrung zu machen.

Abb. 10: Breema®-Partnerübung

Setzen wir so eine Haltung an den Beginn eines schulischen Tages, steht meine Selbstsorge im Mittelpunkt. Die Einstellung, alles nur für die anderen zu machen und auf sich selbst zu vergessen, wird dadurch sichtbar und verändert sich. Dies führt zu mehr Freude im alltäglichen Umgang mit mir und anderen. So werden durch dieses Breema®-Prinzip Handlungsmuster, alles für die anderen tun zu müssen, abgewandelt und ein inneres Wohlgefühl kann vielleicht dort einziehen, wo sonst Stress regiert.

Der Sinn von Breema® ist, in der Gegenwart anzukommen, und den „Geschmack" dieser Präsenz zu haben. Es geht um genau jetzt, überall, in jedem Augenblick, ich selbst zu sein (vgl. Schreiber 2008, S. 95).

Being

   Right now

      Everywhere

         Every Moment

           Myself

             Actually

Sich dieser Sache mehr und mehr bewusst zu werden, das ist die Unterstützung, die durch Breema® und seine neun Prinzipien gegeben werden. Und der Körper ist bequem ist das allererste und wichtigste Hilfsmittel, um mich an mich selbst zu erinnern.

Nichts extra

Wir scheinen den Lebensfluss nie wirklich Wert zu schätzen. Wir trinken Buttermilch und sagen uns – ich wünschte es wäre Tee. Und wenn wir Tee trinken, denken wir - ich wünschte es wäre Buttermilch. Wir kreieren uns Probleme, weil wir nicht mit dem zufrieden sind, was ist. Diese Sache ist auch ein Extra. Auch in der Art, wie ich mich selbst betrachte, gibt es viele Extras. Ich bin gut oder ich bin schlecht, ist auch schon ein Extra. Denn alles, was ich dem „Ich bin" zufüge, ist schon ein Extra. Anfangs ist es nicht wichtig, wie viel ich von der Bedeutung von „nichts extra" verstehe, denn mit der Zeit bewegt sich alles in eine natürliche Einfachheit (vgl. Schreiber 2008, S. 51).

Wir stellen uns vor, etwas anderes zu sein, als das was wir sind. Wir glauben, wir seien die Gedanken und Bilder aus Vergangenheit und Zukunft, die unsere vermeintliche Identität formen. Diese Identität hindert uns aber nur. Sie ist eine Schicht von „Extra", welche die Illusion erzeugt von allem anderen getrennt zu sein. Das „Ich", das wir glauben zu sein, kann das Prinzip „Nichts extra" nicht anwenden. Nichts Extra ist ein Ausdruck unseres Wesens. Wenn das Sein an unserem Leben teil hat, gibt es eine innere Autorität, die gegenwärtig ist und im Augenblick funktioniert. Die innere Autorität lässt uns wissen, dass wir existieren. Innere Autorität ist real, denn sie kommt aus dem bewussten Gewahrsein, aus dem Wissen unseres Wesens (vgl. Schreiber/Berezonsky 2003, S. 33).

Ganze Beteiligung

bedeutet

Wesens- Beteiligung.

Bei den vielen Dingen, die wir im Berufsleben zu tun haben und bei dem, was alles gefordert wird von jedem, wirkt das Prinzip des „Nichts extra" Wunder. Wir sind tatsächlich sehr verstrickt in all unser Tun, dass wir dabei auf das Wesentliche – nämlich unser Wesen selbst – völlig vergessen. Zunächst fällt es nicht auf, wenn die Energie fehlt, wir uns ausgelaugt und deprimiert fühlen. Breema® lädt ein, sich von vorne herein der „Lebensflamme" bewusst zu sein – und dadurch in die Lage zu kommen, bewusst Kraft aus sich selbst zu schöpfen. Und dazu muss ich eben nichts tun. Ich lasse das aus dem ewigen Machenmüssen einmal außen vorbei ziehen, wie einen Film, den ich sehe – und das ist ein tiefes Gefühl des Loslassenkönnens.

Selbst- Breema®- Behandlungen

Bei den Selbst-Breema®-Übungen gibt es die Möglichkeit, sich selbst bewusst wahrzunehmen. Dies lässt die Gesetzmäßigkeiten der Natur erkennen, und dies führt wiederum dem Körper Energie zu. Durch diese Selbstbehandlung lernt der Körper wieder natürliche Bewegungen. Diese Übungen können in verschiedenen Positionen durchgeführt werden, wie im Sitzen, Liegen, Stehen, usw. Die Übungen sind dynamisch, sie wirken belebend und heben die Stimmung.

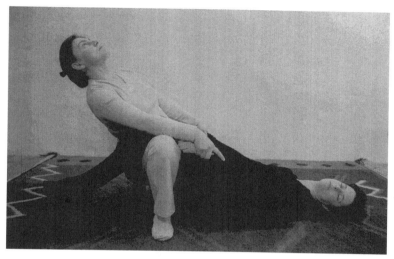

Abb. 11: Breema®-Übung

Im Folgenden stellen wir ein Projekt vor, in welchem Selbst-Breema® und Breema®-Übungen angewendet werden, um die forschungsleitende Frage der Stressreduktion auf eine empirische Basis zu stellen (Tscherny 2007).

Selfcare-Projekt für Lehrer/innen

Eine Gruppe von Forscher/innen und Breema®-Lehrer/innen hat es sich zum Ziel gesetzt, neue Möglichkeiten zur Stressbearbeitung mit Hilfe von Breema®-Übungen zu beleuchten. Es soll in einem Forschungsprojekt eruiert werden, ob und wie sich Unterricht als auch persönliches Befinden bei im Beruf stehenden Lehrerkräften durch die Breema®-Prinzipien und die Breema®-Körperarbeit und deren Anwendung ändern. Als methodisches Instrument fällt die Wahl auf das Lern- und Forschungstagebuch, welches auch im schulischen Alltag benutzt werden soll (Tscherny 2007).

Eine forschungsleitende Frage ist, ob sich durch die Hilfe der Tagebücher die Selbstreflexionskompetenz der Lehrer/innen erhöht.

Hypothese 1:
Breema®-Training unterstützt den Stressabbau bei Lehrer/innen.

Hypothese 2:
Die Anwendung von Lern- und Forschungstagebüchern erhöht die Selbstreflexionskompetenz.

Das Setting sieht sechs Breema®-Einheiten vor. Es nehmen insgesamt 12 Lehrerinnen aus der Sekundarstufe I und II teil, welche von den Breema®-Instruktorinnen Mirijam Fink und Daniela Michaelis unterrichtet werden. Es werden von jeder Teilnehmerin mehrere persönliche Dokumente angefertigt und unterschiedliche Erfahrungen mit der Körperarbeit werden in der Gruppe diskutiert und reflektiert.

Hauptziel ist es, herauszufinden, ob es eine qualitative Veränderung der geistigen Haltung gibt und diese sich auf die subjektive Befindlichkeit im Unterricht und danach auswirkt.

Es wird gefragt, ob Stressreduktion erlebbar ist und wenn ja, ob dies zur Folge hat, dass es vermehrt positive Momente im Umgang mit Schüler/innen gibt. Ein weiteres Ziel ist Energiegewinn für Körper, Geist und Seele.

Die Maßnahmen zur Stressreduktion sind
- Einbau der neun Prinzipien in den beruflichen Alltag,
- Wiederholungen von Selbst-Breema®- und Breema®-Partnerübungen,
- Einsatz eines Lern- und Forschungstagebuchs, in dem eine persönliche, reflexive Niederschrift des Lernprozesses entsteht.

Dies gelingt durch mehr Aufmerksamkeit, was mit uns selbst passiert und dadurch kommt es zu mehr Wachheit, was in unserem Umfeld vor sich geht.

Das Forschungstagebuch

Die Eintragungen der Forschungstagebücher werden inhaltsanalytisch aus-
gewertet und es werden Kategorien gebildet. Die Inhaltsanalyse beruht auf
der Annahme, dass Menschen in dem was sie sprechen oder schreiben ihre
Ansichten, Einstellungen und Meinungen über sich und die Umwelt ausdrücken. Tagebücher haben eine selbstregulative Kraft. Es werden im Vorfeld In-
formationsbroschüren dazu ausgeteilt. Die Tagebucheintragungen sollen
nach jeder durchgeführten Breema®-Übung im Gruppentraining, zu Hause
und auch nach dem Unterricht gemacht werden. So helfen sie, sich selbst
über auftretende Wahrnehmungen, Ereignisse und Gefühle klarer zu werden.

Die „Denkanstöße zum Schreiben eines Lern- und Forschungstagebuches
gliedern sich in formale Angaben, reflexive und prozessuale Leitfragen (vgl.
Anastasiadis/Bachmann 2006, S. 488f.).

Zu Beginn werden Fragebögen ausgeteilt, um eine klare Bestandsaufnahme
während des Gruppentrainings zu haben. Es ist zu erkennen, dass die an-
fänglich gemachten Erfahrungen mit Breema® äußerst positiv bleiben. Die
Teilnehmer/innen setzen sich mit den Prinzipien auseinander. Durch regel-
mäßiges Anwenden eines der Breema®-Prinzipien werden Lernerfolge im
schulischen und privaten Bereich bewusst wahrnehmbar. Aus den einzelnen
Lern- und Forschungstagebüchern geht hervor, dass der Besuch des Kurses
aus dem Grund gewählt wird, um Hilfe für die häufigen Stresssituationen zu
bekommen. Die Reflexionen lassen erkennen, dass es eine deutliche Verbesserung im Stresserleben gibt.

Aufgrund der Daten konnte festgestellt werden, dass die universellen Prinzipien generell angewendet werden können. Sie wirken sowohl im privaten Leben wie auch im Umgang in der Schule stressreduzierend und lebensquali-
tätssteigernd.

1) In der **Kategorie Harmonie** kann aufgrund der Daten festgestellt werden,
dass die Prinzipien vielseitig verwendet werden können, nämlich einerseits im
Umgang mit Schule als auch im Umgang mit sich selbst.

2) In der **Kategorie Stress** wird sichtbar, dass Breema® zu einer Stressreduktion verhilft, sowie zu einer Veränderung in der geistigen Haltung.

Wir wollen einige direkte Auszüge aus den Tagebüchern hier auflisten, um so einen Einblick von dem lebendigen Erfahren der Teilnehmer/innen zu geben.

Auszug aus den Tagebüchern:

Gegenseitige Unterstützung	Gegenseitige Unterstützung ist für den schulischen Teil sicher eine neue Haltung, die eine Arbeit schlagartig verändert. Aus meinen Erfahrungen funktioniert sie von selbst nicht. Das Prinzip hilft für die Bewusstwerdung und den Wert des anders miteinander Umgehens.
Einziger Augenblick, einzige Aktivität	Ich merke wie ich in die alte Hast und Flüchtigkeit falle, aber das schafft Bewusstheit. Es hilft mir mehr und mehr, wirklich anwesend zu sein. Nach den Übungen habe ich das Gefühl ruhiger zu sein.
Keine Eile, kleine Unterbrechung	Ich vermeide, eine Aktion nach der anderen zu setzen und achte darauf, dass in allem Ruhe ist. Auf diese Weise habe ich gestern enorm viel erledigen können, und war nicht besonders müde am Abend. Vielleicht weil ich bei allem, was ich getan habe, voll dabei war, ohne an das zu denken, was als nächstes zu tun ist und dadurch kein Zeitdruck aufgekommen ist.
Nichts extra	Nichts Extra würde ich mir im heutigen Schulrahmen wünschen, wo ein Projekt das andere ablöst und eine Sonderaktion die nächste Seifenblase. Das Prinzip „Nichts Extra" hat mich den ganzen Tag begleitet und ich habe keine große Erfolgsgeschichte, aber das Gefühl der Einfachheit und Unaufgeregtheit, die sich daraus ergab. Im weitesten Sinne sicher auch eine Stressreduktion, wenn man sonst alles im Griff haben will.
Körper ist bequem	Es ist gut im Körper zu sein. Nehme ich eine falsche oder unbequeme Haltung ein, da komme ich in die Anstrengung. Durch dieses Prinzip gebe ich mir selbst mehr Platz in der Gruppe. Ich vernachlässige dieses Prinzip leider viel zu oft, das fällt mir auf, könnte einiges von den Schüler/innen lernen, die machen es sich eher bequem. Ich kann jetzt

	„das Leben wieder grüßen" habe mehr Festigkeit erlangt, weiß jedoch nicht wodurch? Jedenfalls übe ich weiter.
Veränderung durch Self-Breema®-Übungen	Ich fühle mich besser gestärkt, wohler, ruhiger, nachdem ich konzentriert diese Übungen mache. Wir haben nächste Woche an unserer Schule erstmalig eine Abschlussprüfung, wobei ich Prüferin in zwei Gegenständen bin. Neben der Vorbereitung für die mündliche Prüfung für die Schüler, habe ich auch die Verantwortung über sämtliche Formulare und über die Gestaltung der Abschlusszeugnisse. (…) Erst nach einer Self-Breema®-Übung, wurde ich ruhiger und ich konnte mein Frühstück genießen. Durch die Konzentration kann ich kleine Stressreduktionen feststellen.
	Ich schaue und höre ein zweites Mal hin, bin geduldiger, denke nicht mehr so oft an die zukünftige Arbeit, bin gelassener im Jetzt.
	Die Arbeit verlagert sich ins „Innen" meiner Persönlichkeit. Ich nehme Meinungen als meine wahr und einen Perspektivenwechsel hinsichtlich „Beurteilung". „Das Leben grüßen" bringt mich dazu wahrzunehmen, was ich tue, welche Gedanken und Gefühle aufsteigen und was ich damit mache. Ich fühle mich entspannter, lebendiger, und lerne etwas über die Beziehung von Körper und Geist.

Für ein integrales Denken und Handeln ist Selbstreflexion wesentlich. Daher lautet eine weiterführende Frage:

„Können Aufzeichnungen eine Unterstützung bei Lernprozessen sein?"

Im Bewusstwerdungsprozess durch das Schreiben wird ein deutlicher Fortschritt erkennbar. Das Tagebuch zeigt nachweislich auf, dass jede Person das Schreiben individuell nutzt. Es lassen sich zwei Richtungen erkennen:

a) es dient als Ventil für „versteckte" Aggressionen und Hilflosigkeit gegenüber dem Schulsystem und

b) es dient einer Auseinandersetzung mit sich selbst.

Das nicht übliche Benennen des eigenen, inneren Erlebens macht deutlich, dass im herkömmlichen Schul- und Ausbildungssystem die Kategorien

Selbstreflexion noch nicht verankert sind. Dies geschieht erst, wenn der Wert von Reflexion erkannt wird und das zugrundeliegende psychologische Fundament Anwendung findet.

Breema®-Übungen bewähren sich stressreduzierend und bewusstseinserweiternd, wenn sie regelmäßig wiederholt werden. Es gibt eine deutliche Veränderung der geistigen Haltung, welche sich positiv auf den Unterricht auswirkt. Die Breema®-Prinzipien sind wie ein roter Faden, wenn es darum geht mehr Bewusstheit in das alltägliche Handeln zu bringen. Lern- und Forschungstagebücher helfen die Bewusstheit zu erhöhen für eine sich verändernde, geistige Grundhaltung. Durch das Aufschreiben der Emotionen und Gedanken werden sie ins Bewusstsein gerufen und können so den Lernprozess unterstützen. Stress wird abgebaut, da durch die Hilfe der neun Prinzipien Körper, Geist und Seele in Harmonie schwingen. Durch Breema® erfährt man nicht nur eine „neue" Körperarbeit, sondern auch eine gesunde Einstellung.

Wir haben in diesem Beitrag die Ressourcen benannt, die in jedem/r von uns vorhanden sind und mit Hilfe der Breema® Methoden und dem Werkzeug eines Forschungstagebuchs einen möglichen weiteren Schritt gesetzt, der für jede/n Lehrer/in praktisch nachvollziehbar ist.

Integrale Pädagogik in der Lehrer/innen- und Kindergärtner/innenbildung

Allgemeine Vorbemerkungen zur Gestaltpädagogik

Ein weiteres Feld, in dem wirksam persönliche Reflexion, integratives Lernen seit über 30 Jahren erforscht wird, ist die Gestaltpädagogik. Eine der Pionierinnen dieser Gestaltpädagogik - Arbeit ist Ute Kienzl, die ihre Tätigkeit nun auch auf den EU Raum ausgedehnt hat und an dieser Stelle einen kleinen Einblick gibt über die Situation der Umsetzung von Gestaltpädagogik in der Lehrer/innenbildung. Es sollen hier die allgemeinen Prinzipien humanistischer Pädagogik zuvor angeführt werden (vgl. Dauber 2009, S. 199ff.). Diese Prinzipien werden mit den unterschiedlichen ganzheitlichen Methoden, die die Gestaltpädagogik anbietet in Seminaren mit den Lehrer/innen umgesetzt.

Prinzip der Personenorientierung und des Kontakts

Im Mittelpunkt humanistischer Pädagogik steht der Mensch, der in Kontakt mit seiner Umwelt und mit seinen Gedanken und Gefühlen ist. Ein solcher Mensch erhofft vieles und erwartet wenig.

Prinzip der Ganzheitlichkeit und der Kongruenz

Die humanistische Pädagogik betont die Ganzheitlichkeit von Organismus und Umwelt, Erfahrung und Erleben, Reflexion und Aktion. Wir werden achtsam für unsere inneren Prozesse, öffnen unsere Wahrnehmung. Ganzheitliche Wahrnehmung befördert kongruentes Verhalten: Eindruck und Ausdruck sind differenziert miteinander verschränkt und gehen in lebendigem Wechselspiel ständig ineinander über.

Prinzip der Bewusstheit und der Integration

Ohne zu sprechen können wir uns bewusst werden, was wir brauchen und wollen, um auf dieser Grundlage zu entscheiden, was wir tun. Die Fähigkeit, sich bewusst zu machen, ob unsere Handlungen und Reaktionen der aktuellen Situation angemessen sind, ist Grundlage schöpferischer Gestaltung.

Prinzip des Hier-und-Jetzt und der Kontextbezogenheit

Wir sind stets auf verschiedene Kontexte bezogen, die unsere Wirklichkeit bilden und in denen wir uns verwirklichen. Diese Kontexte sind auch untereinander vielfältig miteinander verwoben. Diese Prinzipien sind helfende richtungsweisende Anker, die jeweils auch in die Quadrantenschau miteinbezogen werden können, wie weiter unten dargelegt wird.

Ute Kienzl

Humanistische Pädagogik und Persönlichkeitsentwicklung
Geschichte, theoretischer Hintergrund und Ziele eines Erasmus Intensiv Programms zur Integralen Pädagogik

1. Von Comenius zu Erasmus

Die Europäische Union fördert seit über einem Jahrzehnt die gemeinsame Weiterbildung von Lehrer/innen aus verschiedenen Ländern in Form von COMENIUS Projekten. Das hat mich sofort fasziniert. War das vielleicht ein Weg, die wertvollen Erfahrungen, die Pädagog/innen aus Deutschland, Österreich und der Schweiz seit den 1970er Jahren mit Gestaltpädagogik machen durften, auch Kolleg/innen aus anderen europäischen Ländern zugänglich zu machen?

Ich hatte bereits 1997 mit Hilfe des österreichischen Kulturservice und mit Unterstützung von Ivica Lencová von der Universität Banska Bystrica begonnen, Weiterbildungen in Gestaltpädagogik für Lehrer/innen aus dem ehemaligen Jugoslawien und aus der Slowakei anzubieten. Die Gruppe löste sich auf, aber die Idee ließ mich nicht los. Wäre die Gestaltpädagogik nicht das ideale Medium, um Lehrer/innen wirklich tiefe Begegnungen zu ermöglichen, das gegenseitige Verstehen optimal zu fördern und so die Basis für weitere Zusammenarbeit herzustellen?

Die Idee wurde von Jörg Bürmann, einem der führenden wissenschaftlichen Vertreter der Gestaltpädagogik, gern aufgegriffen. Er holte Ursula Forster ins Boot. Gemeinsam erstellten wir bei unserem „vorbereitenden Treffen" das Grundsatzpapier und den ersten Finanzplan. Es gelang mir mit Ursula Büngers und Ivica Lencovás Hilfe noch weitere Projektpartner/innen aus Italien, der Slowakei und Tschechien zu finden. Im Jahr 1999 begannen wir in unserem Projekt 71520-CP-2-2000-1-AT-COMENIUS-C 31 mit dem Titel „Förderung von Lehrerkompetenzen und Entwicklung der Lernkultur in sprachlich, kulturell, sozial oder leistungsmäßig heterogen zusammengesetzten Schulklassen nach Prinzipien und Erfahrungen der Gestaltpädagogik" einjährige Vorbereitungskurse in den einzelnen Ländern abzuhalten. Es erschien uns unumgänglich, die Kolleg/innen erst mit der gestaltpädagogischen Arbeit vertraut zu machen, bevor wir mit ihnen im zweiwöchigen Pilotprojekt im Sommer 2000 in länderübergreifenden Gruppen arbeiten wollten.

Seither haben 12 zweiwöchige Kurse unter dem Titel „Gestaltpädagogik als Brücke zum Fremden - Förderung der Lehrerkompetenzen und der Lernkultur in Europa" in verschiedenen Ländern stattgefunden. Den Luxus von Vorbereitungskursen gibt es nicht mehr. Wir haben die Erfahrung gemacht, dass es auch so möglich ist, unsere Projektziele zu erreichen, indem die Teilnehmer/innen gestaltpädagogische Kompetenzen erwerben, verknüpft mit dem Verstehen von Menschen und deren kulturellen Hintergründen unter Anwendung kreativer Methoden. Nach und nach erweiterten wir den Grundkurs um vier Aufbaukurse, in denen verschiedene Schwerpunkte gesetzt werden, deren Inhalte nun skizziert seien:

Einführung in die Gestaltpädagogik
Übung in differenzierter Selbstwahrnehmung und Reflexionsfähigkeit.
Themen: Familie, Schule, Traditionen, u.a.
Biographische Selbstreflexion: Grundschulzeit (Grundkurs: Module 1 und 2)

Didaktische Vertiefung der Gestaltpädagogik   Vorurteile, Ausgrenzung
Einzelner in der Klasse
Themen: Lernmotivation, Werte, Wirklichkeitskonstruktionen, ethnozentrische Blickwinkel u.a.
Biographische Selbstreflexion: Jugendalter (Aufbaukurs I: Module 3 und 4)

Gestaltpädagogische Gruppenleitung
Umgang mit Krisen und Konflikten in Arbeitsgruppen
Themen: Auswirkungen der sozialen und materiellen Hintergründe u.a.
Biographische Selbstreflexion: junges Erwachsenenalter; Ausbildungszeit (Aufbaukurs II: Module 5 und 6)

Schule als Institution
Umgang mit Krisensituationen in Organisationen
Themen: Konfliktpotentiale in Schulen und zwischen Menschen verschiedener Kulturen u.a.

Biographische Selbstreflexion: Erwachsenenalter, erste Berufsjahre
(Aufbaukurs III: Module 7 und 8)

Gestaltpädagogische Beratungskompetenz
Aspekte entwicklungspsychologischer Zusammenhänge
Themen: Reflexion der Auswirkungen zeitgeschichtlicher Zusammenhänge,
Bezogenheit zum gesellschaftlichen und politischen Kontext u.a.
Selbstreflexion: Reifes Erwachsenenalter, Wandlungsprozesse im Lebenslauf
(Aufbaukurs IV: Module 9 und 10)

Um ein Zertifikat über den europäischen Grundlehrgang Gestaltpädagogik zu erwerben, genügt die Teilnahme an einem zweiwöchigen Kurs allein nicht. Es müssen 90 Stunden an berufsbezogener Selbsterfahrung nachgewiesen und eine reflektorische Abschlussarbeit geschrieben werden.

Wir evaluieren die Kurse natürlich auch und das ist eine sehr spannende Sache. Meine Gedanken bei der Nachbereitung des Kurses vom Sommer 2009 habe ich brühwarm notiert:

Lehrer/innen aus verschiedenen Ländern Europas kommen zusammen, ringen um eine bessere Pädagogik. Ja, haben wir heute nicht die beste Pädagogik aller Zeiten? Sind wir nicht partnerschaftlich, verständnisvoll mit den Schüler/innen, haben wir nicht die besten Vermittlungsinstrumente, haben wir selbst nicht die beste Ausbildung genossen? Was bringt uns dann dazu, noch immer weiter an uns zu arbeiten? Das Leben zeigt uns immer wieder unsere Grenzen. Situationen, wo wir ratlos sind, nicht weiter wissen. Gibt es nicht hervorragende, pädagogische Konzepte? Montessori, offener Unterricht, Schmetterlingsschulen etc.? Ja, das sind wunderbare Konzepte, sie geben Orientierung, Sicherheit, Entscheidungshilfen. Menschsein heißt eben, immer wieder neue Situationen erleben, in denen man mit Konzepten nicht auskommt, wo man selbst entscheiden muss, wo man um die Eigenverantwortung nicht herumkommt.

Das Einmalige an der Gestaltpädagogik ist, dass es kein bindendes Konzept gibt, und dass jeder ermutigt wird, im Hier und Jetzt zu sein: in dieser besonderen Art von Kontakt mit sich, den anderen, und dem, was Sache ist. Die Antennen auszufahren und wahrzunehmen, was ist, um dann darauf unmittelbar und mit Hilfe seiner emotionalen Kräfte darauf reagieren zu können.

Und dazu macht man eine gestaltpädagogische Weiterbildung?
Natürlich kann man diese Fähigkeiten auch auf andere Weise erwerben. Aber das Tolle an der Gestaltpädagogik ist, dass sie interessant, oft sehr vergnüglich, immer aber spannend ist.

Eine der Aufgaben ist: Wie siehst du dich in deiner schulischen bzw. beruflichen Situation? Mit Symbolen werden die verschiedenen Situationen dargestellt. Es ist sehr schön, wie verschieden die Bilder sind: ein grüner Zweig, ein Rad aus Löwenzahnblättern, eine Feder mit einem Häufchen Kieselsteine. Wir interpretieren nicht, wir arbeiten damit.

Teilnehmer E ist bereit. Er geht in das Bild hinein, nimmt die Rolle eines Kieselsteins an. Die anderen sind auch Kieselsteine. Ein Prozess beginnt: Der Kieselstein, der zusammengerollt liegt und zunächst nichts hören und sehen will und nur die Nähe der anderen Kieselsteine genießen will, blickt auf...er will aufstehen...die anderen sollen mit ihm aufstehen...das ist besser, aber er fühlt sich verloren. ...der Lehrer, der zunächst überhaupt keine Bedeutung hatte, wird zunehmend wichtiger. Er findet eine wichtige Rolle für diesen Schüler: als Vermittler von Lern- und Lebensperspektiven...Eine spannende Erfahrung für alle - oder bloße Spielerei? E ist nach diesem Prozess etwas aufgelöst, aber sehr glücklich und zufrieden. Er hat etwas erlebt, was für ihn im Moment sehr wichtig ist. Er hat gleichsam „von innen" Kontakt zu seinen Schülern bekommen, indem er sich tief in sie hineinversetzen konnte. Er wird sie ab jetzt mit anderen Augen betrachten...

Biographische Selbstreflexion. Arbeit mit Fotos.

Teilnehmerin S ist als Sechsjährige mit ihrer Mutter zu sehen und mit einer riesigen Schultüte. Wir stellen das Foto nach, S wählt eine Teilnehmerin als Mutter und eine als Schultüte. Nun steht sie da. Sie hat gemischte Gefühle. Plötzlich erinnert sie sich, dass damals ihre linke Hand eingegipst war. Jemand stellt sich als Gipshand zur Verfügung und geht in das „Foto". Es ist rührend, mit welcher Freude sie diese ihre linke Hand willkommen heißt in ihrem Leben. Sie erzählt nun, dass sie diese Hand ausgeklammert hatte und schon vor der Schule aus eigenem Antrieb von links auf rechts umgelernt hatte. Jetzt erst wird ihr klar, was für ein Verlust das für sie gewesen ist. Vielleicht wird sie ihre linkshändigen Schüler/innen jetzt anders sehen? Oder die braven Mädchen, die in vorauseilendem Gehorsam sich so manche vitale Kraft abschneiden oder brechen? Dieses scheinbar harmlose Spiel hat einen existenziell wichtigen Sachverhalt enthüllt, der sonst vielleicht immer im Verborgenen geblieben wäre.

Diese Kurse werden von Lehrer/innen, die sie schon einmal erlebt haben, entweder sehr gern wieder besucht, oder sie sind für diese Art von Reflexionsarbeit zu diesem Zeitpunkt noch nicht bereit. Alles hat seine Zeit, und Entwicklung kann man nicht beschleunigen.

2. Die Frage, die sich nach einigen Jahren gestellt hat, war folgende: Sind solche Kurse auch für Menschen interessant, die noch in Ausbildung sind?

Die Verantwortlichen an den Hochschulen, denen ich das Projekt vorgestellt habe, waren überzeugt, dass so eine Erfahrung auch für Studierende nützlich wäre. Die Idee, einen solchen Kurs unter der Bezeichnung „Humanistische Pädagogik und Persönlichkeitsentwicklung" anzubieten, fand guten Widerhall, vor allem bei den Studierenden, die schon das Glück hatten" während ihres Studiums bereits ähnliche Lehrveranstaltungen besucht zu haben.

60 Studierende aus 4 Ländern - das ist bestimmt eine interessante Erfahrung. Schon das Kennenlernen der „anderen", der Erfahrungsaustausch und nicht zu vergessen, der Spaß in der gemeinsam organisierten Freizeit....

Aber da ist noch etwas, das sie anzieht. Wie ich von den Kolleg/innen erfahre, sehnen sich die Studierenden danach, auch an der Hochschule eine andere Art von Lernen zu erfahren, die sehr betonte, kognitive Seite durch das andere, das Emotionale, Kreative, persönlich Bedeutsame zu ergänzen. Sie möchten Lernerfahrungen machen, die sie als ganze Menschen ansprechen. Humanistische Pädagogik und Persönlichkeitsentwicklung möchte diesem Bedürfnis entgegenkommen.

Mein kleiner Enkel fällt mir ein. Er ist 8 ½ Monate alt und steht auf meinem Schoß, während ich seine Hände halte. Er kräht vor Vergnügen. In einer plötzlichen Anwandlung krähe ich im selben Tonfall zurück. Jetzt schaut er mich forschend an, als hätte er Mühe, dies in seine Erfahrungswelt einzuordnen. Dann macht er einen Quietschton und schaut mich dabei an. Ich versuche wieder, denselben Laut nachzumachen. Wieder sieht er mich ein Weilchen ganz ernst und sinnend an. Dann macht er ein schnalzendes Geräusch mit der Zunge. Es ist gar nicht so leicht nachzumachen. Er schaut sehr aufmerksam und schnalzt noch einmal. Ich „antworte" wieder. Und so „unterhalten" wir uns ein Weilchen miteinander. Ich habe das beglückende Gefühl, mit meinem Enkel das erste Mal richtig kommuniziert zu haben. Ich bin noch jetzt ganz entzückt, wenn ich an diese kleine Szene denke. Es war mir so, als hätte ich ein wenig geholfen, sein Menschsein zu wecken.

Und tun wir in der Gestaltpädagogik nicht etwas Ähnliches? Wir nehmen die Impulse auf und antworten. Das gibt dem Gegenüber das Gefühl, wichtig genommen zu werden, ein Gefühl, das viele vielleicht nie in diesem Maße erlebt haben. Diese „Selbsterfahrung" halte ich für ungeheuer wertvoll, in welchem Alter auch immer sie erlebt wird.

Und auch wenn es schmerzliche Impulse sind, die aufgenommen werden: es ist immer eine Erfahrung von Menschsein unter Menschen, von Verstandenwerden, von Resonanz. Das stärkt die Persönlichkeit. Sie kennt sich selbst dann besser, weiß besser, was sie fühlt und was sie will, und kann das überzeugend kommunizieren.

3. Was verspricht der integrale Ansatz für die gegenwärtige pädagogische Diskussion?

Der integrale Ansatz verspricht unter anderem die Probleme von Bildung und Erziehung besser lösen zu können als andere Ansätze, da er nichts ausschließt. Damit können die Ressourcen der beteiligten Menschen besser genützt werden als es bei Ablehnung der jeweils „anderen" und dem üblichen Konkurrenzdenken je geschehen könnte.
Diese Einstellung trifft sich gut mit der phänomenologischen Grundhaltung in der Gestaltpädagogik, durch die Menschen und Dinge so wahrgenommen werden, wie sie sind. Der Glaube an die Entwicklungsmöglichkeiten der Einzelnen und damit der globalen Gesellschaft vereint ebenfalls die Geisteshaltungen. Der Respekt vor jedem Menschen, ganz gleich auf welcher „Entwicklungsebene" er steht, ist die Ermutigung, die jeder braucht, um Wege der

Persönlichkeitsentwicklung zu beschreiten. Die Gestaltpädagogik als Initiative zur Veränderung der Lernkultur durch Persönlichkeitsentwicklung hat immer eine ganzheitliche Herangehensweise gefordert, was durch die Forschung zum integralen Ansatz bestätigt wird: Veränderung kann nur dann dauerhaft und sinnvoll sein, wenn sie alle Hauptaspekte, also alle Quadranten nach Ken Wilber von „ich", „wir" und „es", alle Bewusstseinsebenen, Entwicklungslinien, Zustände und Typen, des menschlichen Seins umfasst. Ken Wilber setzt die Dimension „individuell und kollektiv" in Beziehung zur Dimension „innerlich und äußerlich" und beschreibt vier Quadranten, die einander bedingen (vgl. http://www.integralworld.net/de/ii-1-de.html, Stand: 30.11.2009).

	I-IP Innenperspektive	I-AP Außenperspektive
Individuell	innerlich-individuell „Ich": intentional subjektive Betrachtung von in- nen, Wahrnehmungen, Emotio- nen, Absichten, meditative Zu- stände, Kreativität	äußerlich-individuell „Es" (singular): verhaltensmäßig äußerliches Verhalten, Gehirnmechanismen, biologische Zustände, Verhaltensforschung, Wissenschaft
kollektiv	innerlich-kollektiv „Wir": kulturell gemeinschaftlich geteilte Welt- sicht, Werte, Gebräuche einer Gesellschaft: vormodern - mo- dern - postmodern	äußerlich-kollektiv „Es" (plural): sozial (Systeme) systemische Sicht von außen Systemtheorie, Ökologie, Wirtschaftsformen, Formen der Politik
	Tiefenstrukturen K-IP	Oberflächenstrukturen K-AP

Abb. 12: Quadrantenmodell nach Ken Wilber (vgl. http://de.wikipedia.org/wiki/Ken_Wilber, Stand: 30.11.2009).

Ich möchte nun versuchen, die Rolle der Gestaltpädagogik für die Entwicklung von Schule und Unterricht an Hand dieses Modells zu skizzieren.

In den 1950er Jahren war der Unterricht zu stark auf die kognitive Seite ausgerichtet (rechter oberer Quadrant, I-AP). Kunstunterricht bildete ein schwaches Gegengewicht, Leibeserziehung stellte eine gesunde Entwicklung sicher (mens sana in corpore sano). Der Unterrichtsstoff war im Wesentlichen auf die körperliche und geistige Entwicklung nach den Erkenntnissen der Entwicklungspsychologie abgestimmt. Die Schul- und Unterrichtskultur war Abbild des politischen Hintergrunds in einer hierarchisch geordneten Gesellschaft (linker unterer Quadrant, K-IP) und die Gebäude und die Organisationsformen (rechter unterer Quadrant,K-AP) aus der Kaiserzeit bildeten den Rahmen. In den darauf folgenden Jahrzehnten änderte sich einiges: die Idee der Demokratisierung schuf eine neue Kultur in der Gesellschaft und damit in der Schulkultur, etwa durch Einführung der Klassensprecher/innen, der Personalvertretung etc. (K-IP), neue Schulgebäude entstanden (K-AP), die Schüler/innen begannen, sich dem zu widersetzen, was ihnen geboten wurde (I-IP) die Lehrer/innen suchten nach Lösungsmöglichkeiten für die dadurch entstehenden Probleme und fanden entweder individuelle Strategien wie erhöhte Strenge oder noch höhere kognitive Forderungen, andere resignierten und wurden krank (I-AP) und wieder andere fingen an, die emotionale Seite bewusst und konstruktiv in ihre Arbeit einzubeziehen (I-IP).

Im Sinne von Ken Wilber liegt hier die Lösung. Die Lehrer/innen sind aufgerufen, die emotionale und moralische Entwicklung zunächst bei sich selbst in Fluss zu bringen, um dann auf das zu reagieren, was die Schüler/innen durch Widerstand zu signalisieren versuchen, indem sie auf die Schüler/innenpersönlichkeit eingehen und Beziehung anbieten (I-IP).

Die gestaltpsychologische Forschung hat Wahrnehmungsgesetze gefunden, die sich auch auf andere Prozesse transponieren lassen, so lässt sich etwa eine „offene Gestalt", die nach Abschluss drängt, graphisch darstellen, aber auch unabgeschlossene Situationen lassen sich als offene Gestalten begreifen und verlangen ebenfalls nach Abschluss. Diese Gesetze sollten in der Gestaltung des Unterrichts Anwendung finden (I-AP). Der Körper ist der „Seismograph", auf dessen Schwingungen zu hören ein wichtiger Teil der gestaltpädagogischen Weiterbildung ist. Viele Erkenntnisse der Gestalttheorie werden durch die Hirnforschung bestätigt (I-AP).

Es haben sich Schulen und Unterrichtsmodelle entwickelt, die einen Grad von Demokratisierung aufweisen, wie er in der Gesellschaft noch nicht gängig ist. Die so entstandenen Schulkulturen (K-IP), die neuen, von den Beteiligten selbst entwickelten Organisationsstrukturen und die liebevoll mit wenigen Mitteln umgestalteten Gebäude (K-AP) sind ein Zeugnis dafür, wie engagierte Lehrer/innen und Eltern versuchen, im Kleinen einen Beitrag zur Entwicklung der Menschheit zu leisten.

Dabei gibt es Turbulenzen, weil nicht alle Quadranten in gleichem Maß berücksichtigt werden, es ist z.B. nicht möglich, den Akteuren das nötige Maß an Persönlichkeitsentwicklung (I-IP) und theoretischen Kenntnissen (I-AP) abzuverlangen, wie es für solche Organisationsformen von Nöten wäre, und die umgebende Kultur erkennt den Stellenwert dieser Unterrichtsmodelle für ihre Entwicklung nicht (K-IP) und stellt nicht die nötigen finanziellen Mittel bereit, um diesen Organisationsformen Breitenwirkung zu verschaffen (K-AP).

4. Was mir bei meiner gestaltpädagogischen Arbeit mit Pädagog/innen wichtig ist:

- Die phänomenologische Haltung, die nicht bewertet, sondern in jeder Situation wertschätzend bleibt (I-IP).
- Die Übung der differenzierten Wahrnehmungsfähigkeit sowie die Wiederbelebung des kreativen Potenzials (I-IP).
- Die genaue Reflexion des Erlebten, um sowohl die positiven Wirkungen als auch die Verletzungen wahrzunehmen und zu integrieren (I-IP).
- Die oft ergreifende, manchmal auch leidvolle Vergegenwärtigung der eigenen Lerngeschichte (I-IP, K-IP).
- Der Umgang mit Widerstand als Herausforderung, also die Bereitschaft, ablehnende Reaktionen nicht persönlich zu nehmen, sondern zu sehen, was sich dahinter verbirgt und gemeinsam auszuhandeln, wie man nun weiter verfahren möchte und sollte (I-IP, K-IP).
- Beispielhafte Übungen aus dem Unterricht, damit die Teilnehmer/innen erleben können, wie die Konzepte der Gestaltpädagogik in der Schule anwendbar sind (K-IP, I-AP).
- Die Vermittlung von Gesetzmäßigkeiten aus der Gestaltpsychologie als fundierte Grundlage für die Strukturierung des Unterrichts (I-AP).
- Der Austausch von Beispielen für veränderte Lernkultur und veränderte Schulorganisation (K-IP, K-AP).

Das Comenius Projekt „Gestaltpädagogik als Brücke zum Fremden" und das Erasmus Intensiv Programm „Humanistische Pädagogik und Persönlichkeitsentwicklung" sollen zusätzlich dazu beitragen, den linken unteren Quadranten im Sinne des integralen Ansatzes über den nationalen Rahmen hinausgehend zu sehen, und dadurch nicht nur die persönlichen Entwicklungsmöglichkeiten der Teilnehmer/innen zu bereichern, sondern auch die Weiterentwicklung der Lernkultur, der Didaktik und der Schulorganisation in den einzelnen Ländern Europas zu beleben.

Anhang: Um einen Einblick zu geben, wie die Teilnehmer/innen dieser transnationalen Kurse ihre Erfahrungen bewerten und umsetzen, möchte ich noch einige Ausschnitte aus den reflektorischen Abschlussarbeiten hinzufügen.

a) Beispiele für individuelle und kulturelle Entwicklung (I-IP, K-IP):

S aus Polen beschreibt die Auswirkungen ihrer individuellen Entwicklung auf die Arbeit in der Weiterbildungsgruppe (I-IP, K-IP):

Die Zeit, die wir zusammen verbrachten, betrachte ich als die Quelle der Lebensfreude und Lebensenergie, aus dem ich immer trinken kann, indem ich mir Fotos angucke oder mich einfach an sie erinnere. Ich hatte keine Schwierigkeiten meinen Kolleginnen und Kollegen meine Seele zu öffnen und war auch bereit, ihre Sorge zu hören. Dadurch konnte ich mich besser kennen lernen. Ich erfahre, dass jeder sein „Skelett im Schrank" hat und wir alle sind ähnlich und verschieden auf einmal.

Z aus Spanien zeigt, wie der Gegensatz zwischen den Kulturen in der gestaltpädagogischen Gruppe und in seinem Land (K-IP) seine persönliche Entwicklung beeinflusst (I-IP):
Some days I felt tired but I was enjoying a lot the seminar. I knew my seminar-mates better day by day and I felt better with them. Much more better.

These exercises helped me to think, for instance:

I realize that I usually go so close to the persons and I get tired in the end. Maybe they don't like to be so close. Maybe I over passed my fellow's borders. When people come up to me I feel fear, on the contrary I don't feel any fear when I go up to them. In the seminar people have come up closer to me than I expected. But in daily life I don't have that impression. People use to maintain a huge distance from me.....

When we were told to agree group working rules I felt surprised. People were brilliant and respectful. Sometimes, (not in this seminar) I feel people haven't got brilliant ideas besides they aren't respectful and I feel the impotence to take group leadership and say what was the most democratically and effective....Those kinds of activities are useful to clarify some misunderstandings between people. When feeling a distance is better to follow what your body says, but we can decide. If somebody doesn't want to approach you is his/her problem not yours.

For some people, a person face could remind them another person they already know; that is dangerous we must to distinguish.

M aus Deutschland beschreibt die Wirkung auf die Zusammenarbeit mit den Kolleg/innen (I-IP, K-IP):

Aber diese Schwierigkeiten haben sich im Verlaufe des Schuljahres nicht zugespitzt, sondern nach Gesprächen und Auseinandersetzungen geglättet und es entstanden fast freundschaftliche Beziehungen.

Ich denke, dass ich durch meine Teilnahme an den Seminaren zur Gestaltpädagogik eine humanere Haltung zu meinen Mitmenschen gewonnen habe und bei Gesprächen immer besser zur Konfliktlösung beitragen kann.

Vier unserer Kolleginnen haben schon an diesen Weiterbildungen teilgenommen. Damit wir nicht aus der Übung kommen und uns die Inhalte und Grundeinstellungen der Gestaltpädagogik immer wieder verinnerlichen, treffen wir uns in unregelmäßigen Abständen mit befreundeten Kolleginnen, um gestaltpädagogische Übungen zu praktizieren.

M aus Österreich beschreibt, wie sie spontan auf Situationen eingeht und wie die Schüler/innen sich verändern (I-IP, K-IP):

Wenn ich merke, dass sie zappelig sind, verändere ich die Situation und wir treffen uns im Hof! Durch das Umziehen und die paar Schritte ins Freie entsteht eine positive Spannung und Erwartungshaltung – Stunden, in denen ich keine Übungen im Freien machen kann, sind in der Regel viel unruhiger verlaufen. Unsere Außenanlage ist ein romantischer Schlossgarten mit Sportbereich, vielen Nischen zum Zurückziehen und einer einladenden „Bummelstrecke".

Wir arbeiten uns immer in die Richtung Kreisaufstellung, was schon unterschiedliche Reaktionen hervorruft. Die Haltung unserer Hände in eine gebende und empfangende Seite ist inzwischen auch klar. Es werden Signale geschickt und dies lockert die Stimmung sofort. Aber manches mal gilt es nur dieses Gefühl „in der Runde stehen" auszuhalten.

So werden Glückwünsche, Segen oder Grüße getauscht.

Ich erinnere mich noch ganz genau an den ersten Schulgottesdienst mit der Aufforderung einander beim „Vater unser" die Hände zu reichen - als die beiden Jungs der Klasse sichtlich peinlich berührt den Kontakt vermieden.

Heute ist es eine andere Situation: Mir wurde von verschiedenen Beziehungen zu den Mädchen erzählt und da tun sich auch schon mal unangenehme oder besonders schöne Gefühle bei den Berührungen auf. Ich freue mich jedes Mal, dass ich so feinfühlige und liebenswerte junge Männer begleiten darf. … Anfangs machten die Jungs jede Übung oder Partnergespräche ganz selbstverständlich ausschließlich miteinander, bis es ihnen zu langweilig wurde. Heute ist es wunderbar, wie sie sich alle auf das Miteinander einlassen. In der Klasse wird mit immer mehr Feingefühl und Takt und Respekt agiert.

b) Beispiele für individuelle und didaktische Entwicklung (I-IP, K-IP, I-AP)

M aus Deutschland beschreibt die Prinzipien der Gestaltpädagogik, die sie im Unterricht umsetzt (I-IP, K-IP, I-AP):

- die Fähigkeit sich selbst anzunehmen ist die Voraussetzung, andere zu nehmen, wie sie sind;

- die Kompetenz, dem einzelnen in seinem „Ich" gerecht zu werden, ohne die Stimmung in der Klasse aus den Augen zu verlieren;

- didaktische Varianten einsetzen zu können, um Lernstoff lebendig und an-
schaulich vermitteln zu können, z.B. Phantasiereisen, Rollenspiel, Wahrneh-
mungs- und Interaktionsspiele, Tanz, Gestalten, Freiarbeit an Stationen.
Als sehr hilfreich hat sich erwiesen, den Unterrichtsablauf zu rhythmisieren
und Rituale fest in den Tagesablauf (z.B. Morgenkreis) zu integrieren.

A aus Italien zeigt den Zusammenhang der persönlichen Entwicklung mit der
umgebenden Kultur der Herkunftsfamilie und formuliert Charakteristika der
Gestalttherapie (I-IP, K-IP, I-AP):

After having tackled this family theme, so delicate for everybody, we passed
on to analyse our cultural background and the way it can influence our opin-
ion about the others and about the world around us. From the family context
we then passed to the broader social context, that have influenced our story
and our way of thinking. Often our prejudices influence so much our relations
with other people as to constitute a barrier against communication.
Contact and dialogue have been the last topics discussed and as far as I'm
concerned, a very interesting aspect of Gestalt Therapy.
Gestalt Communication has these characteristics:
1. more perspective in our way to see (mehrperspektivische Sichtweise)
2. each of us arrives at their truth (jeder kommt zu Wort)
3. each of us has their own reality (jeder seine eigene Wirklichkeit)
4. feeling come out from dialogue (Gefühle werden ausgesprochen)
5. in conflicts a help is necessary (menschliche Unterstützung – auch von
außen)
6. each of us speak for themselves (jeder spricht nur für sich)
7. use neutral words that doesn't have a judgement implied (neutrale Wörter
verwenden).

I aus der Slowakei formuliert Grundsätze für eine neue Sprachdidaktik (K-IP,
I-AP):

...Im Kontext der veränderten schulischen Realität wurden auch für den
Sprachunterricht (Deutschunterricht) neue Bedingungen geschaffen, Ziele
und Inhalte werden neben der Förderung der kommunikativen Kompetenz als
ganz neue Aspekte ins Spiel gebracht, die über die Förderung der Sprach-
kompetenz hinausgehen und die auf dem die Schülerpersönlichkeit ganzheitlich auffassenden Erlebnislernen basieren (Individualisierung und Personali-

sierung des Unterrichtens), zwischenmenschliche Beziehungen, Normen und Werte (ethische Sozialisation, allgemeine Humanisierung des Unterrichtens) betonen. Das Erkennen der individuellen Chancen der jeweiligen Schüler ist mit dem Erkennen ihrer Bedürfnisse verbunden...

M aus der Slowakei erzählt, wie die Übungen auf zukünftige Pädagog/innen wirken (I-IP; K-IP): Die weitere Aufgabe – „das Hineinversetzen" – war für die Studenten etwas Neues, woran sie nicht gewöhnt waren. Es hat nicht in allen Gruppen funktioniert. Nur in einer Gruppe wurde versucht sich in eine „Nicht-Person" hineinzuversetzen und zwar in die Tafel. Ein solches Verfahren war für die Studenten eine neue Erfahrung. Am Ende der Unterrichtseinheit sind die Begriffe wie Motivation, Interaktion, schülerorientiert, Medien, Atmosphäre, Stress keine leeren Worte gewesen. Die Studenten haben sich selber durchgearbeitet zum Ergebnis, welche Faktoren den modernen Fremdsprachenunterricht ausmachen. Eine solche Art der Arbeit bringt auch Risiken mit sich, man kann den Verlauf der Unterrichtseinheit nicht in Details vorausplanen. Die Studenten haben die Stunde positiv eingeschätzt, alle haben mitgemacht.

Mein Ziel war zu zeigen, wie die Integrierung der gestaltpädagogischen Ansätze in den Unterrichtsprozess helfen kann, das Einfühlungsvermögen der Studenten zu steigern.

M aus Deutschland bietet ein schönes Beispiel für persönliche Erkenntnisse (I-IP, I-AP):

...Ich denke, das ist ein Aspekt der Gestalttherapie bzw. der Gestaltpädagogik: Ich nehme nicht mehr an der Oberfläche wahr, sondern ich lege meine Gefühle blank und diese Gefühle sind wichtige Auslöser in meiner Wahrnehmungstätigkeit.

Ich habe in mir einen Gestaltbildungsprozess erlebt. Mein Verstand hat seine führende Rolle abgegeben und meine Gefühle haben mir den Weg gezeigt.

- Gelungen ist mir das auch, weil ich Vertrauen zur Gruppe hatte.

- Gelungen ist mir das, weil ich gut geführt wurde....

- Gelungen ist mir das, weil ich bereit war, mich zu öffnen und mich einzulassen.....

....Ich erinnere mich ganz stark, dass ich nach Beendigung des Kurses voller Lebensfreude war, ja direkt „Hunger" auf Leben verspürte und mich als sehr lebendig empfand...

I aus Deutschland beschreibt, wie sich ihr Einfühlungsvermögen und ihre Erkenntnisse verändert haben (I-IP, K-IP, I-AP):

... Unvermittelt musste ich an Maria denken, die Schülerin aus der ehemaligen Werkstufenklasse. Sie hatte im Internat Probleme, hatte kaum Rückzugsmöglichkeiten zumal sie im Rollstuhl sitzt. Oft hatten wir uns darüber unterhalten und ich vermochte sie kaum zu trösten. Wie ich Maria in diesem Moment verstand...

...Die Beklemmung kroch in mir hoch und nahm von mir Besitz. So oder ähnlich muss es unseren Kindern gehen, wenn sie in eine neue Klasse oder Schule kommen. Alles ist fremd, Ängste schwingen mit. Es muss für sie erst ein Rahmen geschaffen werden, ein für jeden Schüler stimmiges Lernumfeld. Denn viele Stunden am Tag müssen sie in einem Raum gemeinsam lernen und arbeiten aber auch spielen. Sie müssen einmal miteinander, aber auch mit der Lehrkraft in Kontakt kommen, erst dann können sie sich der Sache widmen. Als Lehrer muss ich hier sehr sensibel vorgehen und versuchen, die Stimmungen und Gefühle der Kinder zu verstehen. Jegliche „Störungen" haben einen erheblichen Einfluss auf das Lernverhalten.

G aus Tschechien beschreibt ihren Widerstand gegen die Beschäftigung mit ihrer Lernbiographie (I-IP, I-AP), weil sie lieber etwas über die Theorie gelernt hätte.

Diese Themen waren für mich zwar interessant, aber manche haben wir sehr oberflächlich erwähnt, hingegen haben wir uns mit unserer Kindheit und unserer Familie zu tief beschäftigt. Das hängt natürlich auch mit der schlechteren Zeitplanung zusammen. Wir waren auch oft gezwungen, für uns manchmal schmerzvolle Erlebnisse zu erzählen und bei vielen Tätigkeiten wurde der Zweck und Grund gar nicht erklärt. Für mich war sehr wichtig, neue Unterrichtsmethoden, neue Leute kennen zu lernen und natürlich meine Sprachkenntnisse zu verbessern. Meine Bedürfnisse sind in diesem Sinne erfüllt worden. Ich bekam viele Anstöße nicht nur für den Unterricht, sondern auch für mich selbst. Die ganze Zeit habe ich mir nur eine Frage gestellt, und zwar, wo sich die Grenze zwischen der Gestaltpädagogik und der Gestalttherapie befindet. Warum sollte man über eigene Probleme mit anderen unbekannten Menschen sprechen?

E aus der Slowakei beschreibt die Wirkungen von gestaltpädagogischen Techniken und nimmt Bezug auf die öffentliche Auffassung von Bildung (I-IP, I-AP, K-IP):

Heute nach dem Erleben des ganzen Projekts schreibe ich der Einstimmung viel größere Bedeutung zu – das heißt den Körper-, Entspannungs-, und Atemübungen, die die Integration des Menschen als Körper-Seele-Geist-Subjekt fördern.

Warum? Wo liegt der Sinn von allem? Die Frage will ich auch beantworten. Für diejenigen, die in der Schule alle Kräfte auf das „Auswendiglernen der Welt" setzen und das für Bildung erklären. Aber Vorsicht! Diese Bildungsart kennt die Menschheit schon einige Jahrhunderte und unser Leben ist immer in Bedrohung. Weil alle nur auswendig erlernte Sachkenntnisse in den Händen der bösen Lebewesen gegen die anderen gebraucht werden können. Erst wenn die Menschlichkeit auch den gleichwertigen Platz im Unterricht einnimmt, um auch gepflegt werden zu können, erst dann wird das Wissen lebendig. Die meisten Kollegen in der Slowakei reagieren auf neu entstandene humanistische Ansätze mit den Worten: Für die Hochschule braucht man doch rezeptive Wissensreproduktion!

In ähnlichen Dialogen hilft mir oft die Frage: Und warum ist da der Schüler als Subjekt ausgelassen? Da haben wir Lehrer einen wichtigen Platz. Der Schüler als Mensch verdient doch, von uns wahrgenommen zu werden. Und ein guter humanistischer Pädagoge hat sogar Respekt vor dem Gefühlsleben seiner Schüler.

Wichtig ist es, bei sich selbst zu beginnen. Die Entwicklung der menschlichen Persönlichkeit gehört in das dritte Jahrtausend. Und auf der Suche nach unserer Vermenschlichung ist die Gestaltpädagogik eine Alternative.

c) Beispiele für individuelle und systemische Wirkungen (I-IP, K-IP, K-AP)

M aus Deutschland beschreibt den Einfluss der politischen Vergangenheit auf kollegiale Beziehungen (I-IP, K-IP, I-AP):

…Als sie über die Zeit sprach, in der sie und ihre Familie Schwierigkeiten mit dem DDR-Staatssystem hatten, fühlte ich mich sehr schlecht, irgendwie schuldig, mir kamen die Tränen. Ingrid sprach mich darauf an und ich begann meinen Vater und mich zu verteidigen, obwohl wir von ihr gar nicht angegriffen worden waren. Ich wollte nicht, dass Uschi meine Eltern oder mich hasst oder verachtet. Die erlösenden Worte kamen von Uschi: Seit ich deine Lebensgeschichte kenne, habe ich begriffen, dass deine Biografie die eines Aussteigers ist. Ich war froh, dass sie das so sagte und ich mich und meine Familie nicht weiter verteidigen brauchte. Das Ganze war eine große Versöhnungszeremonie, ich war richtig glücklich.

S aus Deutschland hatte Lust, äußerlich etwas in ihrer Schule zu verändern (I-IP, K-AP)

Das Lehrerzimmer war mir schon immer ein Dorn im Auge. Keiner fühlte sich richtig zuständig, man hat ja auch genug mit der Einrichtung der eigenen Klasse zu tun. …Nachdem ich mir vorher noch eine Beratung von außerhalb geholt hatte (Feng Shui) gingen wir ans Werk.

Ich beschloss zu akzeptieren, dass jeder ein Recht auf seinen Platz am Tisch mit der ihm eigenen Ordnung, bzw. Unordnung hat. Da wollte ich mich nicht mehr einmischen. Aber die Dinge rundherum, die überall abgestellt und abgelegt wurden, sollten verschwinden. So bauten wir alle überflüssigen Regale ab, stellten Schränke raus, die nur als Ablage benutzt wurden und räumten die Fensterbänke leer. Wenn man jetzt das Lehrerzimmer betritt, fällt der Blick als erstes auf einen Schrank, den ich passend zur Jahreszeit dekoriere. Zum Schluss mussten noch neue Gardinen her. Als das Kollegium nach den Sommerferien in die Schule kam, fiel sofort jedem die Veränderung auf. Es gab viel Lob und Bewunderung. Seitdem wird der Schrank nicht mehr als Ablage benutzt. Auch die beiden Tische, die vor der Fensterfront stehen, werden nur zu den vorgesehen Zwecken genutzt: Ein Tisch dient zum Ausstellen von neuen Arbeitsmaterialien, auf dem anderen stehen die Leckereien, die für das leibliche Wohl sorgen. Es wird achtungsvoll mit der neuen Gestalt des Lehrerzimmers umgegangen. Der rundum aufgeräumte Raum hilft, zur Ruhe zu kommen und sich nicht durch herumstehende Dinge ablenken zu lassen. Jeder kann mit seiner Aufmerksamkeit bei sich bleiben.

B aus Österreich reflektiert die Situation von Junglehrer/innen und die Notwendigkeit von Zusatzqualifikation in der heutigen Gesellschaft (I-IP, K-AP): Junglehrer/innen müssen seit dem Schuljahr 1999/2000 ein Portfolio anfertigen, worin wir unsere pädagogischen Fähigkeiten eben durch Selbstreflexionen, Rezensionen pädagogischer Bücher usw. unter Beweis stellen dürfen. Die Berufsaussichten im Schulbereich sind alles andere als rosig, und deshalb werden immer mehr Kriterien eingeführt, welche die Besten, Engagiertesten, Offensten usw. Lehrer/innen aus diesem großen Pot der Warteliste herausfiltern sollen. Der Konkurrenzkampf wird dadurch immer stärker angefacht, und für mich wirken viele der an uns gestellten Anforderungen als übertrieben. Diese ständigen Selbstreflexionen verwandelten sich bei mir in eine Art „Selbstgeißelung". Ich stellte mir ständig die Frage, was ich noch tun könnte, um eben diesen Anforderungen gerecht zu werden: Welche Zusatzausbildungen brauche ich noch? Wo könnte ich mich noch verbessern? Welche Bereiche habe ich noch nicht abgedeckt? Worin brauchte ich noch Praktika?.... Hier bin ich, ich kann dieses und jenes und ich habe Vertrauen in meine eigenen Stärken, diesen Satz hätte ich mich vor einem Jahr noch nicht zu sagen getraut und ihn als provokante Selbstüberhöhung meinerseits abgetan. Heute kann ich, aufgrund meiner Selbsterfahrungen durch die Arbeit mit der Gestaltpädagogik, diesen Satz schon etwas müheloser aussprechen.

Es ist sehr erfreulich, dass im Bereich der Lehrer/innenaus- und weiterbildung dank der Gestaltpädagogik doch Schritte in Richtung Selbstreflexion in eine praktische Umsetzung gelangt sind. Wie wichtig diese Art des Lernens ist, dafür sprechen all die Feedbacks der Teilnehmer/innen wohl am besten! Gestaltpädagogik ist eine hervorragende Methode um den persönlichkeitsbildenden Quadranten mit Selbstreflexion zu fördern. Wenn dann auch noch die interkulturelle Seite dabei zum Zug kommt, verdichtet sich das Lerngeschehen tatsächlich sehr, wie man ja zu lesen bekommt…

Daniela Michaelis, Katja Suntinger

Aspekte einer integralen Vorschulpädagogik
Selbstreflexion in der Ausbildung von Kindergärtner/innen

Der wohl jüngste Zweig in der Pädagogik – auf mehreren Ebenen - ist die Kindergarten- oder Vorschulpädagogik. Dieser Bereich hat in Österreich von der Bildungslandschaft her noch nicht den ihm gebührenden Stellenwert. Der erste, neu entstehende Lehrstuhl für Frühkindpädagogik in Österreich am Institut für Erziehungs- und Bildungswissenschaft an der Universität Graz deutet an, dass es ab jetzt mehr Aufmerksamkeit im wissenschaftlichen Sektor für diesen Bereich geben wird. Somit ist klar, dass Themen wie Selbstreflexion oder integrale Arbeit in der Vorschulpädagogik noch sehr wenig theoretisch aufbereitet sind. Umso wichtiger erscheint es uns, auch dieses Thema zumindest ansatzweise hier aufzugreifen.

Wir leben in einer Zeit rascher Veränderungen und der Ruf nach verbesserter Vorschulpädagogik wird größer. Es hat sich viel im Grundschul- und im Sekundarschulbereich getan. Hier gab es auf vielen Ebenen deutliche Schritte in ein ganzheitliches und integrales Lernen. Es liegt nun an uns, auch in diesem noch jungen Teil der Erziehungs- und Bildungswissenschaft neue und wenn möglich, nachhaltige Impulse zu setzen. Die Bildungspolitik in Österreich ist vorwiegend auf die Bildungsinstitutionen Schule und Hochschule fokussiert. Der Vorschulbereich ist nach wie vor nicht ausreichend im Zentrum der Bildungslandschaft vertreten. Im öffentlichen Diskurs wird festgestellt, dass „*Standards vorschulischer Bildung in Österreich rückständig sind*" (Kleine Zeitung, 24. Juni 2007, S. 12). Dass die ersten Lebensjahre zu den sogenannten kritischen Phasen für die geistige und emotionale Entwicklung des Kindes gehören, ist wissenschaftlich bestens belegt. Es wird deutlich hervorgehoben, wie prägend die Qualität der einzelnen Entwicklungsphasen im Vorschulalter für den gesamten Lebensverlauf ist und deshalb sollte auch die vorschulpädagogische Arbeit die Anerkennung erlangen, die ihr zusteht.

Faktum ist, dass die Profession dieser Berufsgruppen noch lange nicht die Anerkennung erhält, denn an Kindergärten bleibt weiterhin das Stigma haften, eine reine Betreuungseinrichtung zu sein, sozusagen ein „*bildungsfreier*

Schonraum" ohne Bildungsrelevanz. Wie bereits erwähnt, ist die Kindergartenausbildung noch immer nicht angemessen in das österreichische Bildungssystem integriert und der Berufsstand ist - die Ausbildung, Status und Entlohnung betreffend - am unteren Ende der Skala angesiedelt. Wichtig ist, dass der Vorschulbereich mehr Aufmerksamkeit erhält. Es soll dadurch nicht zu einem Vorziehen des schulischen Lern- und Leistungsdrucks in den Kindergärten kommen, sondern es geht um einen Bewusstwerdungsprozess, der diesen Berufsstand und die wesentliche Arbeit die hier geschieht mehr in die Öffentlichkeit bringt. Natürlich spielt auch der ganzheitliche Entfaltungsraum für Kinder und das rechtzeitige Erkennen von Defiziten eine wichtige Rolle, um den Kindern einen möglichst positiven und chancengleichen Bildungsweg vermitteln zu können.

Dies führt in der Folge zu einem sozial-gesellschaftlichen Umdenken und zur Reformarbeit im Bildungssystem. Um die Qualität im Vorschulbereich garantieren zu können, ist es von Bedeutung, dass die Bildungs- und Weiterbildungsinhalte für Fachpersonal aktuell und innovativ sind. Damit dies gewährleistet ist, sind Überprüfungen und Untersuchungen in diesem Bereich notwendig. Es braucht neue Impulse, um diesem Bildungsbereich gebührenden Status zu kommen zu lassen, sowohl politisch wie auch inhaltlich.

In den letzten Jahren hat die Gehirnforschung auch für die Pädagogik deutlich herausgearbeitet, dass der frühkindlichen Bildung eine Schlüsselrolle zukommt. In den ersten Lebensjahren verdichten sich in ungleich höherem Maße die Verbindungen der Nervenzellen. Wir erkennen, dass das Lernvermögen im vorschulischen Alter an seinem Zenit steht. Es ist wichtig, dass wir diese Befunde in eine angemessene Vorschulpädagogik umzusetzen beginnen.

Charles Pearce (1999, S. 187f.) betont ebenfalls die Bedeutung der ersten Lebensjahre für die Gehirnentwicklung. In diesem Alter werden überproportional viele Neuronen gebildet, die bei optimalen Lernbedingungen auch verwendet und benutzt werden. Bietet die Umwelt keine günstigen Voraussetzungen, werden alle Neuronen nicht im vollen Ausmaß genutzt und wesentliches Potential geht somit verloren. Durch eine fürsorgliche und stimulierende Umwelt, die aktives Erforschen und Erkunden ermöglicht, lernen Kinder Hindernisse zu überwinden und das Durchhaltevermögen steigt, sowie Neugier und Mut werden gefördert.

Werden diese Voraussetzungen in den ersten Lebensjahren nicht adäquat genützt und unterstützt, ist die Wahrscheinlichkeit groß, dass weitere Prozesse, die in der Adoleszenz und im Erwachsenalter durchlaufen werden, mit Einbrüchen versehen sind. Bildlich gesprochen: Baue ich ein Haus auf einem schlechten Fundament, werde ich es nicht - ohne kraftraubende Sanierungsarbeit - bis zum Dach schaffen.

Wir gehen davon aus, dass pädagogische Probleme mit Kindern und Jugendlichen keinen unveränderbaren Ist-Zustand darstellen, sondern Zeichen dafür sind, dass es an der Zeit ist, die alten Paradigmen loszulassen. Neues Denken und Handeln ist gefragt. Bevor jedoch verändertes, pädagogisches Handeln stattfinden kann, muss zuerst das pragmatische Denken mit neuen Ideen und Argumentationen aufgebrochen werden (vgl. Michaelis 1992, S. 32).

Neues Denken – altes Denken stehen seit Jahrtausenden im Kampf miteinander, weil jeder recht haben will. Welchen Ausweg aus dem geistigen Krieg kann es da wohl geben? Oder wollen wir das weiterführen? Paradigmen zeigen immer schon bestimmte Denkwelten auf. Michaelis und Mikula (2007) postulieren eine Paradigmenspirale, die sich solange weiterdreht bis wir aus der engen „entweder – oder" Haltung herausgekommen sind in eine viel offenere Denk- und Lebenshaltung des „sowohl als auch". Wir wählen dieses Paradigma, damit es möglich wird, auch im Vorschulbereich – durch systemisches, prätranspersonales und letztlich integrales Denken - eine theoretische sowie praktische Basis für das Alltagshandeln zu bekommen. Denn die herausfordernde Praxis will ja bewältigt werden - und die ist jedenfalls auch im Kindergarten bereits interkulturell. D.h. auch für Kindergartenpädagog/innen steht neues Lernen, Weiterlernen und lebenslanges Lernen an. Dies betrifft wie oben erwähnt die Persönlichkeitsbildung und damit insbesondere die Reflexionsfähigkeit der Pädagog/innen.

Innovative Schritte

Alles was für die Lehrer/innenausbildung in Bezug auf Persönlichkeitsbildung gilt, sollte ungehindert auch für Vorschulpädagog/innen Gültigkeit haben. Sowohl die Themen der Paradigmenerweiterung – heraus aus dem „entweder – oder" hin zum „sowohl - als auch Denken" sowie all die genannten Themen des prätranspersonalen Paradigmas dürfen hier ihre Anwendung finden.

Vielleicht ist hier ein guter Platz um noch genauer auf das Quadrantenmodell nach Wilber (2001) einzugehen, weil es eine gute Basis zu sein scheint für ein Handeln, das nichts ausschließt und ein Modell, das eben der immer wieder genannten Selbstreflexion den ihr gebührenden Platz zuweist.

	I-IP Innenperspektive	I-AP Außenperspektive
individuell	Innere subjektive Prozesse	Beobachtbare Verhaltensweisen und Sachverhalte
kollektiv	Intersubjektive Verständigungen	Soziale und materielle Systeme und Umwelten
	Tiefenstrukturen K-IP	Oberflächenstrukturen K-AP

Abb. 13: Die vier Perspektiven der Wirklichkeit nach Wilber (2001)

Bei diesem Modell handelt es sich um Quadranten, die Prozessbereiche abgrenzen. Jeder einzelne davon beinhaltet eine Darstellung der evolutionären Entwicklung, die wieder Teile eines Ganzen sind (vgl. Fuhr/Gremmler-Fuhr 2004, S. 52). Somit gibt es vier Betrachtungsweisen des Menschen, die zur integralen Bewusstheit führen. Die vier Quadranten nach Wilber (2001) lassen sich auf den Vorschulbereich adaptieren und wir haben hier eine integrale Schau auf die Lern- und Entwicklungsphänomene.

Mit diesem erweiterten integralen Modell ist es möglich, das zwischenmenschliche Geschehen ganzheitlich und umfassend zu verstehen. Durch das Verstehen des Handelns werden auch die Handlungsmöglichkeiten vielfältiger (vgl. Fuhr/Gremmler-Fuhr 2004, S. 19).

Reinhard Fuhr - ein Pädagogikprofessor aus Deutschland – hat es sich zur Aufgabe gemacht Wilbers Modell auch für die Kommunikation in der Pädagogik aufzubereiten. Und wir danken seinem klaren Verständnis für diese Darlegungen, denn wie Wilber sagt: Jede Disziplin sollte das Integrale in ihrem Feld genauer herausarbeiten und es allmählich umsetzen. So verstehen wir diese Arbeit als einen ersten Schritt in die Richtung des Vertiefens und Aufzeigens von Möglichkeiten im vorschulpädagogischen Bereich.

Es wird im Anschluss eine frühkindpädagogische Betrachtungsweise vorgestellt, die die einzelnen Bereiche der Entwicklung Ich-Kompetenzen, Sach-Kompetenzen, kulturelle Kompetenzen und soziale Kompetenzen genauer in den Blick nehmen.

Abb. 14

1.Quadrant: Die individuelle Innenperspektive des Kindes (I-IP)

Es werden hier innere Wahrnehmung, Intentionen, Gefühle, Innenleben und Impulse hier zugeordnet. Im praktischen Feld wird dieser Quadrant als individuelle Innenperspektive bezeichnet. Diese

> „…bezieht sich auf das, was jeder bei sich selbst wahrnehmen und phänomenologisch erforschen kann. Beispielsweise können wir unsere Impulse, Empfindungen und Gefühle, Gedanken und Fantasiebilder wahrnehmen. Diese Perspektive ist vergleichbar mit einem inneren Licht, das vieles in uns ausleuchtet, anderes bleibt im Dunkeln (also unbewusst), könnte aber auch weiter ausgeleuchtet (also bewusster) werden. Wir können mit anderen über dieses innere Wissen in einen Dialog treten und dabei mehr oder weniger wahrhaftige Auskunft über unser Innenleben geben" (Fuhr/Gremmler-Fuhr 2004, S. 52f.).

In der Innenperspektive befinden sich die Ich-Kompetenzen. Hier müssen Impulse gegeben werden, die die Persönlichkeitsbildung fördern. Die pädagogische Aufgabe besteht darin, Bewusstseinsprozesse zu schaffen. Diese Erfahrungen und Erlebnisse führen zu einem Selbstwertgefühl, zu einer Wahrhaftigkeit, Authentizität, Aufrichtigkeit und Integrität. Es geht um innere subjektive Prozesse, die Entfaltungsraum und Unterstützung benötigen. Die innere Beteiligung am Lernen führt dazu, dass das Erlernte internalisiert wird. Ein Lernen wird möglich, dass Kopf, Herz und Hand mit einbezieht und umfasst das Wahrgenommenwerden als ganze Persönlichkeit im Lernprozess (vgl. Michaelis/Mikula 2007, S. 103). Ein vertrauendes Leben wird gefördert durch das eigene persönliche Sein. Vertrauen und Glauben sind Schlüsselbegriffe für einen ganzheitlichen Prozessverlauf (vgl. Aregger 1991, S. 17).

Für die Aufhebung der Ausklammerung von Gefühlen bei pädagogischer professioneller Ausbildung - und dies gilt wiederum gleichermaßen für Lehrer/innen wie Vorschulpädagog/innen - ist es von immenser Bedeutung ein Modell zu haben, worin die individuelle Innenperspektive ihren vollkommen klaren Platz hat. D.h. es muss zunächst verlernt werden, dass pädagogische Ausbildung nur und ausschließlich theoretisches Wissen sein darf. Dies ist erst seit der Aufklärung verstärkt im westlichen Kulturkreis entstanden (Hopfner/Winkler 2004). Wir haben etwas zu bewegen - dafür ist ein Modell notwendig, das vieles erklären kann.

Aus einem Kindergartenprojekt in Graz-Umgebung, wo mit Ansätzen der Gestaltpädagogik und Montessoripädagogik gearbeitet wird („Verein Spielraum", Gründerin Maria Obereder) stellen wir einige Beispiele vor, die die Umsetzung des Quadrantenmodells im Kindergartenalter verdeutlichen. Es sollen in dieser Kleingruppe Individualität und Selbstständigkeit mit gestaltpädagogischen Mitteln gefördert werden, sowie auftretenden Konflikten in der Kleingruppe kreativ und angemessen begegnet werden. Da die Leiterin eine gestaltpädagogische Ausbildung hat, ist dies auch möglich. Folgende Prinzipien finden in diesem Projekt verstärkte Aufmerksamkeit: Wahrnehmung, Kontaktfähigkeit, Begegnungsfähigkeit sowie fördernde Beziehungen werden als Grundlage für ein gutes Selbstbewusstsein in unterschiedlichen Settings eingebracht. Die Impulse zu den jeweiligen Themenbereichen kommen von den Kindern, Eltern und dem direkten Umfeld, in dem sie leben. Gerade im Vorschulalter ist das Fördern der eigenen Impulse der Kinder durch die vorbereitete Umgebung und ein Eingehen auf ihre Vorschläge gut möglich. Die Pädagogin steht begleitend und unterstützend zur Seite.

Abb. 15

1.Quadrant: Das Kind M. arbeitet an einer Papierblume für seine Mutter. Voller Freude wird das Geschenk beim Abholen entgegengestreckt. Der Intensität beim Basteln folgt Zufriedenheit und Stolz beim Schenken.	2. Quadrant: Im handelnden Erleben bilden sich im Gehirn Muster, die vielschichtige Lebensbereiche betreffen. Es ist die zweite neuronale Struktur, das Emotionsgehirn, aktiviert. Es werden flexible und intelligente Verhaltensweisen geschult (vgl. Pearce 2004).
3. Quadrant: Hier geht es um die Wertschätzung und den gegenseitigen Respekt. Das Kind wird durch die Reaktion der Mutter ermutigt und sein Selbstvertrauen wächst. Biologisch bietet dadurch das Gehirn wieder mehr Neuronen an für neue Verbindungen.	4.Quadrant: Die Kinder kommen unaufgefordert zum Basteltisch. Eine Eigendynamik in der Gruppe entsteht. Das Setting dieser Struktur wird ermöglicht durch dieses System, welches auf humanistische, gestaltpädagogische Akzente setzt. Das Metamodell der integralen Pädagogik ermöglicht eine sehr differenzierte Wahrnehmung des Portfolios des Kindes und so eine optimale Unterstützung in der Gesamtentwicklung des Kindes sowie der Gruppe.

Abb. 16: Beispiel zum „Ich" im Portfolio des Projekts „Verein Spielraum"

Das Konzept der Portfolios findet in dieser Kindergartengruppe Umsetzung. Es bietet die Möglichkeit die Lernentwicklung der einzelnen Kinder transparent zu machen. Alle die am Leben des einzelnen Kindes teilhaben, können sich auch bei der Entwicklungsgestaltung einbringen. Die drei Bereiche, die hier bearbeitet wurden, sind „Ich", „Ich kann" und „Familie und Freunde". Es wird nun versucht, die Lernprozesse der Kinder noch deutlicher herauszustreichen und die verschiedenen Erfahrungswelten durch die vier Quadranten differenzierter darzustellen, um so eine integrale Zusammenschau die Entwicklung des Kindes betreffend zu bekommen. Des weiteren wurden wesentliche Erkenntnisse der Gehirnforschung beachtet, um dadurch die Kinder in diesem Alter optimal zu fördern. Dies wird in diesem Portfolio ebenso dokumentiert. Dazu beschreiben wir ein Beispiel zum „Ich" im Portfolio (vgl. Suntinger 2007, S. 82).

2. Quadrant: Die individuelle Außenperspektive des Kindes (I-AP)

Der 2. Quadrant ist nun jener, der die sachliche Ebene abdeckt. Hier geht es eindeutig und klar um Wissenserwerb. Dies kennen wir aus unserem Bildungssystem sehr gut. Mancher Stoff wird gut vorgetragen und das hat seinen Wert. So gibt es diesen Platz auch im Quadrantenmodell und wird - wie folgt - beschrieben:

„Die individuelle Außenperspektive ermöglicht es uns, das Verhalten von Individuen zu beobachten und zu messen; allerdings sehen wir nur die Oberfläche der Individuen, also die Erscheinungsformen der Verhaltensweisen. Wir können uns auch selbst von außen betrachten (Selbst-Reflexion) und dies in Beziehung zu unserem inneren Erleben setzen" (Fuhr/Gremmler-Fuhr 2004, S. 53).

Im Vorschulbereich lautet eine pädagogische Grundfrage „Was weiß und kann das Kind?" Diesem zweiten Quadranten ist die Sachkompetenz des Kindes zuzuordnen. Um diese zu entwickeln, müssen Lernprozesse gefördert werden. Sachkompetenz wird erworben durch Lernziele und Lerninhalte, die von Pädagog/innen aufbereitet werden, um dem Kind eine der Entwicklung angemessene Lernumgebung bieten zu können. Es handelt sich bei diesem Quadranten der individuellen Außenperspektive um das objektive Wissen und die Aufnahme von Sachverhalten. Das Verstehen und der Transfer von Wissen spielt hier eine untergeordnete Rolle. Das bedeutet, dass dieser Quadrant unbedingt mit den anderen in Verbindung gebracht werden muss, da sonst das Wissen nur ein oberflächliches bleibt (vgl. Michaelis/Mikula 2007, S. 104).

Nun folgt ein Beispiel zum „Ich kann" im Portfolio und wir betrachten insbesondere den 2. Quadranten:

1.Quadrant: Laura hat lange Zeit Scherenschnitte gemacht und beginnt nun mit dem Schreiben von Buchstaben ihres Namens. Sie lächelt dabei und ist entspannt. Dazu zeichnet sie ein Rechteck und ordnet das Blatt in ihre Mappe.	2. Quadrant: Maria Montessori spricht von sensiblen Phasen, in denen das Kind besonders offen für bestimmt Lerninhalte ist. Umweltreize werden verstärkt wahrgenommen und der Erwerb von Fähigkeiten ist erhöht. Das Kind nimmt das „Ich kann" besonders deutlich wahr und bekommt dadurch einen höheren Selbstwert.
3. Quadrant: Laura sitzt in der Gruppe, während Geschichten erzählt werden und sie zeigt stolz ihr Blatt vor, das sie in ihrer Einzelarbeit gestaltet hat. Durch die Anerkennung der Gruppe und der Kindergartenleiterin bekommt sie Mut und Vertrauen ihren Weg der Buchstabenerforschung fortzusetzen.	4.Quadrant: Das offene Setting erlaubt es den Kindern, ihren eigenen inneren Rhythmus folgend zu experimentieren und zu forschen. Die notwendigen Regeln im System der Gruppe entwickeln sich aus den sachlichen Notwendigkeiten. Dies stellt Raum zur Verfügung, der dem individuellen und dem Gruppenlernen sehr dienlich ist.

Abb. 17: Beispiel zum „Ich kann" im Portfolio des Projekts „Verein Spielraum"

Gerade die Gestaltpädagogik weist deutlich darauf hin, dass Lernen persönlich bedeutsam sein sollte, wenn es einen guten Anker finden will im Individuum. D.h. sachlich guter Unterricht ist sehr wichtig, wenn gleichzeitig das Persönliche auch seinen Stellenwert in der Didaktik und im Umgehen miteinander hat. Aber vor allem braucht es das Bewusstsein der Vorschulpädagog/innen, dass eben jedes Kind seinen ganz persönlichen Hintergrund hat. Dies erleichtert auch die Akzeptanz, wenn etwas einmal nicht so geht, wie sich die/der Kindergärtner/in das vorgestellt hat.

Dazu kommt, dass ja alles was sich im Lernen abspielt, nicht im luftleeren Raum, sondern in und mit Menschen geschieht, die alle wieder jeder/jede für sich eine Geschichte haben. Dies zählt zum 3. Quadranten.

Lernkompetenzen im Vorschulbereich gemäß Quadrantenmodell

INDIVIDUELL Subjektiv: Was ist es wert?	INDIVIDUELL Objektiv: Es ist messbar.	
I N N E N **Ich-Kompetenzen** Persönlichkeitsbildung für Bewusstseinsprozesse → Selbstwertgefühl	**Sach-Kompetenzen** schulische Bildung für Lernprozesse → Leistung	**A U S S E N**
I N N E N **Kulturelle Kompetenzen** ethisch-moralische Bildung für Sinnfindungsprozesse → Kulturverständnis	**Soziale Kompetenzen** soziale Bildung für Transferprozesse → Kooperationsfähigkeit	**A U S S E N**
KOLLEKTIV Intersubjektivität: Was bedeutet es?	KOLLEKTIV Interobjektiv: Was tut es?	

Abb. 18: Lernkompetenzen bezogen auf das Vorschulalter

3. Quadrant: Die kollektive Innenperspektive des Kindes (K-IP)

Man zählt dazu alles, was im weitesten Sinne mit Beziehungen, Familie, Freunden, Moral, kulturellen Werten, Gemeinschaft, Rollenverhalten, gemeinsamen Normen und Wertvorstellungen zu tun hat.

> „Die intersubjektiven Erfahrungen betreffen die ausdrücklichen oder stillschweigenden Übereinkünfte in einer sozialen Einheit (Familie, Gruppe, Gemeinde, etc.), also etwa die vorherrschenden Wertvorstellungen über angemessenes Verhalten oder über Rollenerwartungen. Wir können Erkenntnisse aus dieser Perspektive aus der Innenschau der jeweiligen Kultur heraus ermitteln, beziehungsweise wir können uns mit anderen Mitgliedern der sozialen Einheit darüber austauschen. Hierbei helfen hermeneutische Methoden, wie sie mehr oder weniger systematisch in humanistischen Verfahren (Gestalttherapie, Psychodrama oder im personenzentrierten Ansatz) angewandt werden: wir formulieren Annahmen über das, was wir glauben verstanden zu haben, und wir überprüfen dies an der eigenen subjektiven Wahrnehmung anderer bis wir Verständigung erreicht haben" (Fuhr/Gremmler-Fuhr 2004, S. 53).

Für den Vorschulbereich lautet eine pädagogische Grundfrage „Welche Werte lebt das Kind im menschlichen Zusammensein?" Und „Wie funktioniert das Kind in der Gruppe bzw. wie bringt es sich ein?" Dieser Bereich deckt die kulturellen Kompetenzen des Kindes ab. Wilber (2001, S. 110) definiert „kulturell" folgendermaßen: „...kulturell bezeichnet alle inneren Bedeutungen, Werte und Identitäten, die wir mit ähnlichen Gemeinschaften gemeinsam haben, ob es sich um Stammesgemeinschaften, eine Volksgemeinschaft oder eine Weltgemeinschaft handelt". Hier benötigen wir eine ethisch-moralische Bildung, um Sinnfindungsprozesse zu fördern. Werden Erfahrungen und Erlebnisse angeboten, führt dies zu einem gegenseitigen Verständnis und Gerechtigkeitssinn im globalen Zusammenhang. Im Mittelpunkt des Erkenntnisbereichs stehen intersubjektive Übereinkünfte. Die Bildungsstätte und die Gesellschaft stellen eine Interdependenz des interkulturellen Lernens dar. Darum muss die Bildungsarbeit darauf abzielen, dass individuelle Strategien zum Akzeptieren der Vielfalt ermöglicht werden und dass das Zusammenleben mit unterschiedlichsten kulturellen Aspekten positiv erlebt werden kann (vgl. Michaelis/Mikula 2007, S. 107).

Lernen vollzieht sich immer auf zwei Perspektiven: auf die individuelle und auf die soziale Perspektive. Somit steht die Gruppenperspektive im Vordergrund. Soziale Interaktions- und Beziehungsprozesse fördern ein Von- und Miteinander-Lernen und ermöglichen einen aktiven Wissenstransfer. Die geistige Auseinandersetzung mit der Gemeinschaft muss angeregt werden. Dann kommt es zu einem Begegnen und Verstehen mit und von Ordnungen, Überlieferungen und Gegebenheiten.

Die geschichtlich-gesellschaftliche Sicht der Erziehung wird als kultureller Eingliederungsprozess verstanden. Kulturgüter wirken in beabsichtigter (intentionaler) und unbeabsichtigter (funktionaler) Weise auf das Kind ein. Die Dynamik der Verständigungsgemeinschaft wird freigesetzt. Dadurch wird die Perspektive der Mitverantwortung geöffnet (vgl. Aregger 1991, S. 16).

Die Empathie, die von Vorschulpädagog/innen gefragt ist, könnte lauten:

- Aus welchem familiären und kulturellen und religiösen Kontext kommt das Kind?
- Biete ich in meinen Einheiten genügend Möglichkeiten für alle Kinder der Gruppe, sodass sie sich eingeladen fühlen?
- Schaffe ich genügend pädagogische Möglichkeiten für die Gruppe damit sie als Gruppenkörper neue kreative Erfahrungen machen kann?
- Aus welchem kulturellen Umfeld bin ich als Leiterin geprägt?
- Gibt es einengende Glaubenssätze, die mich in meinem Denken und Handeln einschränken? Was fördert mich?

Es ist also gerade hier ein guter Boden für Innehalten und Selbstreflexion schon angedacht. Hierzu sei ein Beispiel zu „Familie und Freunde" gegeben:

1.Quadrant: Birgit, die Mutter eines Buben, besucht die Kindergartengruppe mit Früchten und Samen. Sie bringt sich in die Gruppe ein und erzählt, wo sie die Sachen eingekauft hat und kocht mit uns Tee, während sie eine Geschichte erzählt. Die sinnliche Wahrnehmung des Trinkens und Essens unterstützt das Wohlbefinden jedes Einzelnen.	2. Quadrant: Durch das Erzählen der Mutter lernen die Kinder zuhören und auch sich mitzuteilen, während die Konzentration und die Aufmerksamkeit geschult wird, die auch durch das Setting des Morgenkreises erleichtert wird. Außerdem gibt es für die Kinder eine zweite erwachsene Bezugsperson, die mehr Möglichkeiten des Sprechens bietet.
3. Quadrant: Das Zuhause und die Kindergartengruppe sind die wichtigsten Bezugsräume des Kindes. Diese werden durch Elternbesuche in der Gruppe unterstützt, weil sichere Bindung im Vorschulalter eine ganz wesentliche Voraussetzung für die Ermöglichung von Lernprozessen darstellt.	4. Quadrant: Das interaktive Modell, basierend auf systemischen Paradigmen, ermöglicht einen erweiterten Erfahrungsaustausch aller Beteiligten. Alle Kinder kennen alle Eltern. Dies schafft neue Erfahrungsräume und dies ist möglich, weil hier integrale Theoriemodelle zugrundegelegt sind. Auch ist es ein Lernen für alle Beteiligten.

Abb. 19: Beispiel zu „Familie und Freunde" im Portfolio des Projekts „Verein Spielraum"

4. Quadrant: Die kollektive Außenperspektive des Kindes (K-AP)

Dieser Quadrant bezieht sich auf soziale Systeme, Gesellschaftsformen (z.B. Informationsgesellschaft), äußere Bedingungen und Verhalten von Systemen Unter der kollektiven Außenperspektive beschreibt Fuhr, dass hier

> „...das Verhalten von Systemen und deren äußeren Bedingungen sichtbar werden; unser Blick richtet sich hier nicht auf das Verhalten einzelner, sondern auf das Zusammenspiel und die Vernetzung, das die Komponenten eines Systems miteinander und mit ihren Umfeldern bilden. Diese Beobachtungen können wir auf Funktionalität und Passung hin überprüfen" (Fuhr/Gremmler-Fuhr 2004, S. 53).

Eine Frage, die man sich hier stellen könnte, wäre: Wie wirken sich die Computerwelt und all die neuen Medien auf die Vorschulkinder aus und welchen bewussten Umgang habe ich als Leiter/in damit? Welche Elternarbeit geschieht in diesem Zusammenhang? Wie wirkt sich der derzeitige gesellschaftliche Rahmen auf meine Arbeit als Pädagoge/Pädagogin aus? Was unterstützt? Was überfordert? Welche Maßnahmen sollten von politischer Seite angestrebt werden?

Beim vierten Quadranten handelt es sich um den Bereich der sozialen Kompetenzen. Den Begriff „sozial" bezieht Wilber (2001) auf folgende Aspekte: „Sozial bezieht sich auf alle äußeren, materiellen, institutionellen Formen der Gemeinschaft, von ihrer technisch-wirtschaftlichen Basis über ihre Architekturformen und ihre schriftlich fixierten Codes bis zur Bevölkerungsgröße, um nur einige zu nennen" (Wilber 2001, S. 110). Sozial- und gemeinschaftsorientierte Bildung muss gewährleistet sein, um Transferprozesse zu ermöglichen. Diese führen zu Kooperationsfähigkeit und funktionierenden, sozialen Systemen. Der Erkenntnisbereich bezieht sich auf Systeme, soziale Bedingungen, Umwelten und auf das Umfeld, in das Kinder eingebettet sind.

Natürlich ist es wichtig, welchen Wert eine Gesellschaft den Personen beimisst, die diese Kinder betreuen. Österreich schneidet in einem europäischen Vergleich nicht besonders gut ab. Finnland steht weitaus besser da, im Hinblick auf Finanzierung und Bewertung dieser Altersgruppe. Wir haben in Österreich Aufholbedarf, was den Kindergarten und seine Wertschätzung betrifft. Da die Kindergärtner/innen und -betreuerInnen die tragenden Säulen sind, sind es auch sie, um deren Ausbildung es geht. Denn wer sonst sollte die Ansprüche im Alltag umsetzen? D.h. es steht und fällt wie immer mit der Aus- und Weiterbildung von Kindergärtner/innen. Es hat sich im Erwachsenenbildungsbereich in den letzten 30 Jahren sehr viel entwickelt. Manchmal ist die Wirtschaft schneller im Aufgreifen der Methoden als die Pädagog/innen selbst.

Es gibt in der humanistischen Pädagogik viele verschiedene Methoden mittlerweile, die der Persönlichkeitsbildung und somit der Entwicklung von Reflexionsvermögen dienlich sind. Wir beziehen uns hier auf eine bereits gut beforschte Methode, in denen eine der Autorinnen ausgebildet ist: Es ist dies die Gestaltpädagogik.

Gestaltpädagogik – eine spannende Reise…

Wie kann ein ganzheitliches Arbeiten mit Kleinkindern gestaltet sein? Es gibt viele Methoden der pädagogischen Umsetzung in die Praxis, wobei die Grundprinzipien der Gestaltpädagogik eine gute Möglichkeit bieten, diese Anforderungen umzusetzen.

„Gestaltpädagogik ist keine Methodik oder Didaktik, sondern eine komplexe Haltung" (Reichel/Scala 1999, S. 15). Durch die pädagogische Haltung, die aus unterschiedlichen Ebenen besteht, entsteht eine Mehrperspektivität im ganzheitlichen Umgang mit Kindern. Die Gestaltpädagogik setzt dort an, wo das Kind lebt und erlebt. Das Grundprinzip ist, die Phänomene des Kindes wahrzunehmen, zu erkennen und daraus die notwendigen Bildungsinhalte, Lernziele und methodisch-didaktischen Maßnahmen, die das Kind in diesem Moment benötigt, abzuleiten. Es geht nicht darum, unsere Weltansicht und die der vorherrschenden Kultur den Kindern auf zu oktroyieren. Nur über das bewusste Betrachten der kindlichen Phänomene kann auch eine gestaltpädagogische Arbeit stattfinden, denn das Gestaltgesetz bezeichnet die Art des Zusammenschlusses von erlebten Teilen zu einer erlebten Ganzheit. Mit dieser pädagogischen Haltung werden die linksseitigen Bereiche des

Quadrantenmodells gefördert, die in unseren Bildungssystemen üblicherweise zu kurz kommen.

Um dieses Wissen im pädagogischen Bereich umsetzen zu können, braucht es Kleinkindpädagog/innen mit Persönlichkeitsbildung, die in der Lage sind, sich selbst reflektieren zu können. Nur durch Selbstreflexion kann eine pädagogisch wertvolle Arbeit möglich sein. So liegt in der gestaltpädagogischen Reflexion ein Teil der Arbeit und wird in unterschiedlichen Settings geübt. Es sollte verbindlich in jeder pädagogischen Ausbildung im Curriculum anzufinden sein, dass diese Methoden erprobt und so reflexives Bewusstsein mehr und mehr ermöglicht.

Ausschlaggebend für unser individuelles Handeln sind die Erfahrungen und unser Innenleben. Bei allen Entscheidungsprozessen werden wir von diesem Repertoire an gesammelten Erfahrungen beeinflusst. Es gibt beim Handeln Stabilität und Sicherheit. Wir benutzen die Erfahrungen wie einen Maßstab in unserem Leben. Durch diese Lernerfahrungen werden wir bereits im frühesten Kindesalter geprägt. Wir werden nicht nur von positiven Ereignissen begleitet, sondern auch von negativen, die sich in unserem Innenleben manifestieren. Bei vielen Kindern ist dieser Kompass (vgl. Fuhr/Gremmler-Fuhr 2004, S. 17) des Innenlebens schon sehr früh orientierungslos, oder „funktioniert" gar nicht. Gründe finden wir zum Beispiel in der Reizüberflutung durch Medien und Bildungsinstitutionen, die einen großen Einfluss während des Heranwachsens haben. Durch die unüberschaubare Außenwelt wird der Zugang zu uns selbst, in unsere innere Welt, schnell gestört. Wir sind außenorientiert und können den Umgang mit dem Innenleben nicht schulen, nicht weiterentwickeln. Jedoch wird bei jeder Konfrontation mit dem Außen etwas im Inneren aktiviert und wir reagieren auch darauf. Wie beim Quadrantenmodell dargestellt, wirken Innen und Außen wechselseitig zusammen und können nicht voneinander abgekoppelt betrachtet werden. Dieser Dauerzustand bringt uns in eine extrem schwierige Lage, denn im Innenleben befinden sich unsere Gefühle, Emotionen, die uns als Menschen ausmachen.

Wenn wir keinen Zugang zu unserem Inneren herstellen, können wir auch nicht angemessen auf das Außen reagieren. Es kommt zu Unsicherheiten, Verwirrungen, Entscheidungsschwierigkeiten. Konflikte können nicht adäquat gelöst werden. Für ein umfassendes Verständnis von Kommunikationssituationen sind die Innenwahrnehmungen unerlässlich. Denn sie decken die wichtigen Phänomene auf, die für viele unserer Reaktionen im Kommunikationsgeschehen und somit in unserem Verhalten anderen gegenüber verantwortlich sind (vgl. Fuhr/Gremmler-Fuhr 2004, S. 119f.). Es ist mittlerweile klar dokumentiert, dass das Innenleben bedeutend für die Entfaltung unserer sozialen Kompetenzen ist, die im Umgang mit unseren Mitmenschen immer gefordert sind.

Doch wie gelange ich zu meinem inneren Kern? Wie kann ich den Kontakt zu meinem Innenleben herstellen und notwendige Reflexionen üben? Um wirklich innovativ arbeiten zu können, benötigen Pädagog/innen eine Art Hilfestellung, um Selbstreflexionsfähigkeit zu erlangen. Diese kann erst funktionieren, wenn sich jeder Einzelne mit sich selbst auseinandergesetzt hat.

Selbstreflexion als Schlüsselqualifikation integralen Handelns

Selbstreflexion ist für integrales Handeln unerlässlich, denn es ist wichtig zu wissen, warum man wie handelt. Die eigenen Gefühle und emotionalen Reaktionen werden erforscht, bevor ein wertfreier Kontakt mit anderen entstehen kann. Ich muss mich selbst bzw. mein „Ego" zurücknehmen, damit ich mich auf die Wirklichkeit der anderen einlassen kann, um ihren Bedürfnissen entsprechend handeln zu können. Erst wenn ich mir im Klaren darüber bin, wie mein Innenleben funktioniert, habe ich einen offenen Blick für das Denken und Erleben anderer. Diese Kompetenz ist eine Schlüsselqualifikation im pädagogischen Arbeitsfeld.

Michaelis und Mikula (2007, S. 29) betonen die Notwendigkeit der Selbstreflexion im erziehungswissenschaftlichen Zusammenhang: „Daraus folgt, dass gerade in der Aus- und Weiterbildung von Lehrer/innen Selbstreflexion eine der zentralen Schlüsselqualifikationen ist". Die Selbstaufklärung der eigenen Persönlichkeit ist Grundvoraussetzung für eine kompetente Erziehungspersönlichkeit und der daraus resultierenden pädagogischen Qualitäten.

Die Prinzipien und die Didaktik der Gestaltpädagogik sind dem oberen linken Quadranten zuzuordnen und dienen somit methodisch der emotionalen Entfaltung, die absolut notwendig ist für ein inneres und äußeres Gleichgewicht, für eine innere und äußere Zufriedenheit, für ein integrales Weltbild (vgl. Wilber 2001, S. 133).

Einen weiteren Fortschritt kann die Selbstreflexionsfähigkeit im Zusammenhang mit pädagogischer Arbeit bringen. Garlichs/Lahme-Gronostaj stellen nach Studien mit Student/innen fest: *„Für das Erlernen professioneller Selbstreflexion eignen sich vor allem praktische Arbeitszusammenhänge, in denen der Einzelne sich in beruflichen Funktionen erproben und dabei auch seine Grenzen kennen lernen kann. Im Allgemeinen beginnt angeleitete, vertiefte Selbstreflexion erst mit dem Berufsanfang – was unnötig zu spät ist ...“* (Garlichs/Lahme-Gronostaj 2006, S. 173).

Es wird immer wichtiger, die neuesten Erkenntnisse im Bereich der Vorschulpädagogik ernst zu nehmen und dementsprechend kompetent und innovativ zu handeln.

Auf Grund des brennenden gesellschaftlichen Themas wurde eine wissenschaftliche Forschungsarbeit durchgeführt aus der wir hier gerne einige wichtige Ergebnisse aus der Befragung anführen wollen.

Befragungsergebnisse zum Stellenwert von Selbstreflexion bei Kindergärtner/innen

Das Hauptziel einer anonymen Fragebogenerhebung von Suntinger (2007) bei Kindergärtner/innen in der Steiermark (A) war es, den derzeitigen Ist-Zustand in der Kleinkindpädagogik bezogen auf das selbstreflexive Bewusstsein zu analysieren.

Zunächst wurden soziodemographische Daten der jeweiligen Probandin erhoben. Dabei wurden persönliche Daten wie Alter, Geschlecht, Berufstätigkeit, Arbeitsjahre und Zusatzausbildungen erfragt. Danach wurden Fragen nach Berufswahl, Ausbildungsbeurteilung, Erleben des Arbeitsalltags, Kenntnis und Anwendung verschiedener pädagogischer Modelle, Besuch von Fort- und Weiterbildungskursen, Interesse am Thema „Selbsterfahrung" gestellt. Das Hauptaugenmerk der wissenschaftlichen Studie beschäftigte sich mit dem „selbstreflexiven Bewusstsein" im Arbeitsalltag. Um dies zu erheben wurde offen nach der persönlichen Bedeutung des Begriffs „Erziehung" gefragt. Weiters wurden Aussagen vorgegeben, die von den Probandinnen nach Wichtigkeitsgraden bewertet wurden. Zuletzt wurde das selbstreflexive Bewusstsein auf das Problemlösungsverhalten bezogen. Dabei antworteten die Proband/innen auf folgende offene Fragen:

1. Probleme im erzieherischen Kontext
2. Umgang mit schwierigen Situationen
3. Inanspruchnahme diverser Aufarbeitungs- bzw. Ausgleichsmöglichkeiten.

In diesem Bereich wurde eruiert, wie wichtig das Thema „Selbstreflexion" für die Zielgruppe ist und welche Methoden bereits verwendet werden. Abschließend wurde die Frage gestellt, ob mehr Ausbildungs- und Weiterbildungsmaßnahmen für Kleinkindpädagog/innen zu dieser Thematik benötigt werden.

An der Befragung nahmen 18 Kleinkindpädagog/innen, 21 Kinderbetreuer/innen, 3 Sonderkindergartenpädagog/innen und eine Gesundheitsphilosophin teil.

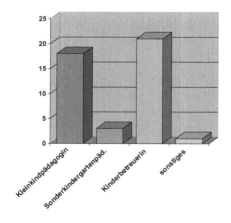

Abb. 20: Beschreibung der Stichprobe

Thema Fort- und Weiterbildungsmaßnahmen

Bei der Frage, ob jährliche Weiterbildungsangebote angenommen werden, antworteten alle Kindergärtnerinnen mit ja, ebenso 90% der Kinderbetreue-

126

rinnen und auch die restlichen Proband/innen gehen regelmäßig zu Fortbildungsveranstaltungen, um sich beruflich weiterzubilden. Nur 2 von 43 Untersuchungsteilnehmer/innen bilden sich nicht regelmäßig weiter.

Dieses Ergebnis zeigt, dass im Vorschulbereich immer wieder neue Ideen einfließen und angenommen werden. Für innovative Arbeitsmethoden sind Weiterbildungsmaßnahmen unbedingt notwendig.

Thema Selbsterfahrung

Es ist ersichtlich, dass zwar viele Fortbildungs- und Weiterbildungsangebote genutzt werden, jedoch kaum im Zusammenhang mit Selbsterfahrungsprozessen.

		Häufig-keit	Prozent
Gültig	nein	34	79,1
	ja	9	20,9
	Gesamt	43	100,0

Tab. 1: Selbsterfahrungsseminar

Erstaunlich ist, dass trotz der regelmäßigen Weiterbildungsmaßnahmen, nur 9 Probandinnen an Seminaren mit „Selbsterfahrung" als Schwerpunkt teilgenommen hatten.

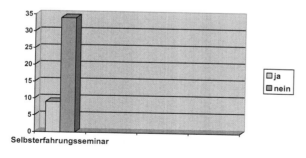

Abb. 21: Teilnahme an Seminaren mit Selbsterfahrung

Beschäftigung mit der Thematik Selbsterfahrung

Nur bei knapp 9% trifft es völlig zu, dass sie sich mit dem Schwerpunkt Reflexionsfähigkeit auseinandersetzten. Bei 26% trifft nicht zu, dass sie sich mit der Thematik der Selbsterfahrung beschäftigen.

Beschäftigung mit Thematik		Häufigkeit	Prozent
Gültig	fehlend	3	7,0
	trifft zu	4	9,2
	trifft eher zu	7	16,3
	trifft eher nicht zu	18	41,9
	trifft nicht zu	11	25,6
	Gesamt	43	100,0

Tab. 2: Beschäftigung mit Selbsterfahrung

Selbstreflexion ist wichtig		Häufigkeit	Prozent
Gültig	fehlend	1	2,3
	sehr wichtig	21	48,8
	eher wichtig	18	41,9
	eher unwichtig	3	7,0
	Gesamt	43	100,0

Tab. 3: Bedeutung von Selbsterfahrung

Für 42% der Probandinnen ist Selbstreflexion im beruflichen Kontext sehr wichtig. 21 Personen bewerten eine selbstreflexive Fähigkeit als eher wichtig und 7% als eher unwichtig. Aber es gab keine Probandin, die Selbstreflexion als völlig unwichtig bezeichnete. Nur eine Person hat zu dieser Frage keine Angaben gemacht, somit zeigt sich die Bedeutung dieser Thematik für den pädagogischen Beruf.

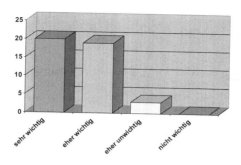

Abb. 22: Wichtigkeit von Selbsterfahrung

Unterstützung und Weiterbildungsmaßnahmen zur Selbstreflexionsfähigkeit

Über die Hälfte der befragten Personen sind der Meinung, dass Pädagog/innen mehr Unterstützung im Rahmen von Zusatzausbildungen, Veranstaltungen oder Publikationen zum Thema „Selbstreflexion" benötigen und eine Erweiterung ihrer selbstreflexiven Fähigkeit erforderlich ist. Die Ergebnisse zeigen, dass sich die Kindergartenpädagog/innen mehr Ausbildung hinsichtlich ihres selbstreflexiven Bewusstseins wünschen.

Ausbildungsanforderung		Häufigkeit	Prozent
Gültig	fehlend	7	16,3
	ja	24	55,8
	nein	3	7,0
	weiß nicht	9	20,9
	Gesamt	43	100,0

Tab. 4: Wunsch nach Weiterbildungsmaßnahmen zur Selbsterfahrung

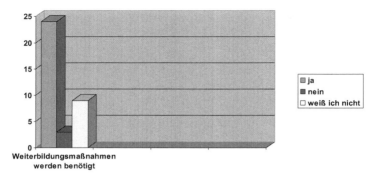

Abb. 23: Notwendigkeit von Weiterbildungsmaßnahmen

Die Studie zeigt auf, dass Weiterbildungsmaßnahmen bezüglich „Selbstreflexion" notwendig sind und auch von Pädagog/innen gewünscht werden. Wichtig ist es, Aufklärungsarbeit zu leisten und Methoden zu präsentieren, die den Schritt in diese Richtung ermöglichen und auf ein selbstreflexives Handeln fokussieren. Es wäre sehr sinnvoll der Gestaltpädagogik im pädagogischen Ausbildungskanon in den Institutionen einen höheren Stellenwert einzuräumen. Die vorliegenden Daten zeigen, dass dies noch lange nicht der Fall ist. Es wurden kaum Prozesse der Selbsterfahrung durchlaufen, die grundlegend für ein selbstreflexives Denken und Handeln sind

Aus anderen Ergebnissen zur integralen Pädagogik (Fuhr, Gremmler-Fuhr 2004, Wilber 2001, u.a.m.) wissen wir, nur wenn der „innere Zeuge" geweckt wird und das jeweilige, individuelle Bewusstsein in den nächsten höheren Bereich aufsteigen kann, wird die Realisierung eines integralen Lebensverständnisses in der Kleinkindpädagogik und im Vorschulbereich möglich werden.

Zuerst muss das Denken von Pädagog/innen in das systemische transpersonale und integrale Erkennen von Zusammenhängen erweitert werden, bevor sich dies im Handeln auswirkt. Ansätze und Potentiale sind bereits zu erkennen, doch es sollten verstärkt Impulse gesetzt werden, um ein wirkliches Umdenken zu bewirken.

Literatur

Altner, Nils (2009): Achtsam mit Kindern leben. Wie wir die Freude am Lernen erhalten. Ein Entdeckungsbuch. München: Kösel Verlag.

Anastasiadis, Maria/**Bachmann**, Gerhild (2006): Das Tagebuch als Reflexions- und Forschungsinstrument. In: Flaker, Vito/Schmid, Tom (Hg.): Von der Idee zur Forschungsarbeit. Wien, Köln, Weimar: Böhlau Verlag, S. 485 – 496.

Aregger, Kurt (1991): Ganzheitliche Förderung in Erziehung und Unterricht. Eine kritisch-konstruktiv innovative Didaktik. Aarau.

Bachmann, Gerhild (2000): Gymnasium und Studienwahl. Frankfurt am Main: Peter Lang Verlag.

Bachmann, Gerhild/**Michaelis**, Daniela (2004): Stressbewältigung im Lehrberuf. In: Unser Weg, Heft 5, S. 161 – 166.

Bachmann, Gerhild/**Michaelis**, Daniela/**Tscherny**, Martina (2009): Wege aus der Stressfalle im Lehrberuf? Selfcare und Breema®-Prinzipien. In: Unser Weg, Heft 1, S. 1 – 7.

Bauer, Joachim (2007): Lob der Schule. Sieben Perspektiven für Schüler, Lehrer und Eltern. Hamburg: Hoffmann und Campe Verlag.

Bauer, Joachim (2002): Das Gedächtnis des Körpers. Frankfurt am Main: Eichborn Verlag.

Bohm, David (1998): Der Dialog, das offene Gespräch am Ende der Diskussionen. Stuttgart: Klett Cotta.

Böhm, Winfried (1991): Maria Montessori. Hintergrund und Prinzipien ihres pädagogischen Denkens. Bad Heilbrunn.

Brose, Karin/**Pfaffe**, Wolfgang (2008): Survival für Lehrer. Göttingen: Vandenhoeck & Ruprecht.

Burow, Olaf Axel (1999): Die Individualisierungsfalle. Kreativität gibt es nur im Plural. Stuttgart: Klett-Cotta Verlag.

Burow, Olaf Axel/**Gudjons**, Herbert (Hg.) (1998): Gestaltpädagogik in der Schule. Hamburg: Bergmann und Helbig.

Dauber, Heinrich (2009): Grundlagen humanistischer Pädagogik. Leben lernen für eine humane Zukunft. Bad Heilbrunn: Klinkhardt.

Egger, Stefanie/**Schabler**, Markus (2009): Bildung – Orientierung – Gestaltung. In: Schröttner, Barbara/Hofer, Christian (Hg.): Bildung – Identität – Globalisierung. Graz: Leykam, S. 31 – 41.

Friedrich, Max (2008): Lebensraum Schule. Perspektiven für die Zukunft. Wien: Ueberreuter.

Fuhr, Reinhard/**Gremmler-Fuhr**, Martina (2004): Kommunikationsentwicklung und Konfliktklärung. Göttingen: Hogrefe.

Garlichs, Ariane/**Lahme-Gronostaj**, Hildegard (2006): Zwischen Engagement und Distanzierung. Selbstreflexion in einem studentischen Ausbildungsprojekt. In: Dauber, Heinrich/Zwiebel, Ralf (Hg.): Professionelle Selbstreflexion aus pädagogischer und psychoanalytischer Sicht. Bad Heilbrunn, S. 173 – 189.

Girg, Ralf (2007): Die integrale Schule des Menschen - Praxis und Horizonte der Integralpädagogik, Regensburg: Roderer Verlag.

Goswami, Amit (1995): Das bewusste Universum. Freiburg im Breisgau: Verlag Alf Lüchow.

Gruber, Elke (2007): Erwachsenenbildung und die Leitidee des lebenslangen Lernens. In: http://www.erwachsenenbildung.at/magazin/07-0/meb-ausgabe07-0.pdf (Datum der Abfrage: 2009-11-30).

Heintel, Peter (2004): Qualifizieren für Veränderung. In: Journal für Schulentwicklung, Heft 2 – Qualifizierung. Innsbruck: Studienverlag, S. 7 – 12.

Hildebrandt, Elke (2008): Lehrerfortbildung im Beruf. Weinheim, München: Juventa.

Hopfner, Johanna/**Winkler**, Michael (Hg.) (2004): Die aufgegebene Aufklärung. Experimente pädagogischer Vernunft. Weinheim, München: Juventa.

Hüther, Gerald (2006): Bedienungsanleitung für ein menschliches Gehirn. Göttingen: Vandenhoeck und Ruprecht.

Kaltwasser, Vera (2008): Achtsamkeit und Präsenz. In: Pädagogik, 11, S. 16 – 19.

Klippert, Heinz (2006): Lehrerentlastung. Strategien zur wirksamen Arbeitserleichterung in Schule und Unterricht. Weinheim, Basel: Beltz-Verlag.

Kreszmeier, Astrid – Habiba/**Hufenus**, Hans Peter (2000): Wagnisse des Lernens. Aus der Praxis der kreativ-rituellen Prozessgestaltung. Stuttgart Wien: Verlag Haupt.

Kretschmann, Rudolf (2006): Stressmanagement für Lehrerinnen und Lehrer. Weinheim, Basel: Beltz-Verlag.

Kron, Friedrich W. (1999): Wissenschaftstheorie für Pädagogen. München, Basel. UTB-Verlag.

Lenz, Werner (2007): Perspektiven des Lebenslangen Lernens. In: http://www.erwachsenenbildung.at/magazin/07-1/meb-ausgabe07-0.pdf (Datum der Abfrage: 2009-11-30).

Lenz, Werner (2009): Globalisierung braucht lernende Demokratien. In: Schröttner, Barbara/Hofer, Christian (Hg.) (2009): Education – Identity – Globalization. Bildung – Identität – Globalisierung. Graz: Leykam Verlag, S. 14 – 17.

Lenz, Werner (2010): Mitgefühl und Widerstand. In: Schröttner, Barbara/Hofer, Christian (Hg.): Kompetenzen. Interdisziplinäre Rahmen. Graz: Leykam Verlag. In Druck.

Michaelis, Daniela (Hg.) (1992): Was? Das kann ich auch... Leistungsbeurteilung und integrative Pädagogik am Beispiel der Modellschule Graz. München: Profil Verlag.

Michaelis, Daniela (1996): Meditation - eine Form der Weiterbildung? In: Grundlagen der Weiterbildung, Heft 7, S. 1 – 3.

Michaelis, Daniela/**Mikula**, Regina (2007): Integrale Pädagogik. Die Babuschkas tanzen in die Pädagogik hinein. Stuttgart: ibidem-Verlag.

Michaelis, Daniela/**Bachmann**, Gerhild (2009): Paradigmenspirale: Wohlbefinden in der neuen Schule im Jetzt. In: Unser Weg, 2, S. 72 – 80.

Miller, Reinhold (2005): Sich in der Schule wohlfühlen. Weinheim, 6. Auflage: Beltz-Verlag.

Müller, Thomas/**Girg**, Ralf (Hg.) (2007): Integralpädagogik. Wahrnehmungen im lernenden Leben. Regensburg: S. Roderer Verlag.

Oelkers, Jürgen (2007): Qualitätssicherung und die Motivation der Lehrkräfte. In: Bertelsmann Stiftung (Hg.): Lehrer unter Druck. Gütersloh, Verlag Bertelsmann Stiftung, S. 183 – 208.

Paulus, Peter/**Hascher**, Tina (2003): Schule braucht Gesundheit. In: Journal für LehrerInnenbildung, Heft 1, S. 41 – 48.

Pearce, Joseph Chilton (1999): Der nächste Schritt der Menschheit. Freiamt. Arbor-Verlag.

Pearce, Joseph Chilton (2004): Biologie der Transzendenz: Neurobiologische Grundlagen für die harmonische Entfaltung des Menschen. Freiamt: Arbor-Verlag.

Pickl, Stephanie/**Preuschl**, Judith (2007): Was ist eine integralpädagogische Schule? In: Girg, Ralf (Hg.): Die integrale Schule des Menschen. Regensburg: Roderer Verlag, S. 205 – 218.

Profil: Volkskrankheit Burn-out. Nr. 28, 37. Jahrgang, 10. Juli 2006.

Reheis, Fritz (1998): Die Kreativität der Langsamkeit, neuer Wohlstand durch Entschleunigung. Darmstadt: Primus Verlag.

Reheis, Fritz (2007): Bildung contra Turboschule. Ein Plädoyer. Freiburg im Breisgau: Herder Verlag.

Reichel, Rene/**Scala,** Eva (2005): Das ist Gestaltpädagogik. Grundlagen, Impulse, Methoden, Praxisfelder, Ausbildungen. 2. Auflage, Münster: Ökotopia Verlag.

Riedel, Katja (1995): Persönlichkeitsentfaltung durch Suggestopädie. Suggestopädie im Kontext von Erziehungswissenschaft, Gehirnforschung und Praxis. Hohengehren: Schneider Verlag.

Rogers, Carl R. (1988): Lernen in Freiheit. Frankfurt: Fischer Taschenbuch.

Rothland, Martin (Hg.) (2007): Belastung und Beanspruchung im Lehrerberuf. Modelle, Befunde, Interventionen. Wiesbaden: VS-Verlag für Sozialwissenschaften.

Schreiber, Jon (1998): Breema® – Essenz des harmonischen Lebens. Saarbrücken: Neue Erde Verlag.

Schreiber, Jon (2008): BREEMA® und die neuen Prinzipien der Harmonie. Oakland.

Schreiber, Jon/Berezonsky, Denise (2001): Self-Breema®- Exercises for Harmonious Life. California Health Publications.

Schreiber, Jon/Berezonsky, Denise (2003): Selbst-Breema®. Übungen für ein harmonisches Leben. München: Pflaum Verlag.

Schröder, Jörg-Peter/Blank, Reiner (2004): Stressmanagement. Berlin: Cornelsen Verlag Scriptor.

Schröttner, Barbara/Hofer, Christian (Hg.) (2009): Education – Identity – Globalization. Bildung – Identität – Globalisierung. Graz: Leykam Verlag.

Schröttner, Barbara/Hofer, Christian (Hg.) (2010): Competences. Interdisciplinary Frames. Kompetenzen. Interdisziplinäre Rahmen. Graz: Leykam Verlag, in Druck.

Schulz von Thun, Friedemann (1994): Miteinander reden. Band 2. Hamburg, Rowohlt Verlag.

Selye, Hans (1974): Stress – Bewältigung und Lebensgewinn. München, Zürich: R. Piper-Verlag.

Senge, Peter (1996): Die fünfte Disziplin. Stuttgart: Klett Cotta.

Steiner, Claude M./Perry, Paul (1997): Emotionale Kompetenz. München: Hanser Verlag.

Suntinger, Katja (2007): Integrale Pädagogik: Vorschulpädagogik integral. Modelle in Theorie und Praxis zur Didaktik für 3 - 6 Jährige. Unveröff. Diplomarbeit, Graz.

Tscherny, Martina (2007): Lern- und Forschungstagebücher als Instrumente der erziehungs- und bildungswissenschaftlichen Evaluationsforschung. Eine Studie zu Breema® als eine Form des Stressabbaus bei Lehrer/innen. Unveröff. Bachelorarbeit, Graz.

Weilharter, Fritz (1992): Lernen und Leisten im Spannungsfeld zwischen utopischer und realer Schule. In: Michaelis, Daniela (Hg.): Was? Das kann ich auch… Leistungsbeurteilung und integrative Pädagogik am Beispiel der Modellschule Graz. München, Wien: Profil Verlag, S. 45 – 60.

Weiss, Barbara (2002): Breema®-Körperarbeit als eine hilfreiche Unterstützung für ganzheitliches Lernen. Unveröff. Diplomarbeit, Graz.

Wiesner, Gisela/**Wolter**, Andrä (Hrsg.) (2005): Die lernende Gesellschaft. Lernkulturen und Kompetenzentwicklung in der Wissensgesellschaft. Weinheim, München: Juventa, S. 245 - 260.

Wilber, Ken (1998): Eine kurze Geschichte des Kosmos. Frankfurt am Main.

Wilber, Ken (2001): Ganzheitlich handeln. Freiburg im Breisgau: Arbor Verlag.

Die Fotos wurden vom Breema®-Center (Oakland), von Mirijam Fink und Daniela Michaelis dankenswerterweise zur Verfügung gestellt.

Zu den AutorInnen

Michaelis, Daniela, lehrt und forscht seit 1985 am Institut für Erziehungs- und Bildungswissenschaft der Karl-Franzens-Universität Graz. Forschungsschwerpunkte: Lebenslanges Lernen, Bildung, Wissen, humanistische Pädagogik, Integrale Pädagogik. Ausbildung zur zertifizierten Breema®-Instruktorin Oakland (USA), Gestaltpädagogik, Suggestopädie, Theaterpädagogik, systemische Therapie, eigene psychotherapeutische Praxis seit 1994.

Bachmann, Gerhild, ist seit 1989 am Institut für Erziehungs- und Bildungswissenschaft der Karl Franzens-Universität Graz tätig. Lehraufträge an den Universitäten Graz und Little Rock (Arkansas). Forschungsschwerpunkte: Weiterbildung, Lebenslanges Lernen, Bildung, Wissen, Methodologie, Kreativität, Evaluationstätigkeit im Bereich der Schulentwicklung sowie regionaler und internationaler Projekte.

Kienzl, Ute, Gestaltpädagogin und Supervisorin, 20 Jahre tätig als Lehrerin für Mathematik und Physik an der Modellschule Graz. Derzeit Organisation und Leitung von europäischen Weiterbildungskursen für Gestaltpädagogik (Programm Comenius) seit 1997.

Suntinger, Katja, Absolventin der BBA für Kindergartenpädagogik mit Zusatzausbildung Hortpädagogik in Graz, sowie des Diplomstudiums Pädagogik am Institut für Erziehungs- und Bildungswissenschaft der Universität Graz. Praktische und berufliche Erfahrungen in Kindergärten und Horteinrichtungen, Arbeitserfahrung am Berufsförderungsinstitut Steiermark und derzeit tätig in der Erwachsenenbildung (Aus- und Weiterbildung/Gesundheit).

 **Tscherny**, Martina, Absolventin der BBA für Kindergartenpädagogik am Sacre Coeur Pressbaum, sowie des Bachelorstudiums Pädagogik und des Masterstudiums Weiterbildung - Lebensbegleitende Bildung am Institut für Erziehungs- und Bildungswissenschaft der KFUG. Praktische und berufliche Erfahrungen in Kindergärten, in Weiterbildungseinrichtungen und als Mitarbeiterin in Projekten an der Universität Graz.

Abonnement

Hiermit abonniere ich die Reihe **Integrale Pädagogik (ISSN 1869-7607),** herausgegeben von Daniela Michaelis,

❏   ab Band # 1

❏   ab Band # ___

❏   Außerdem bestelle ich folgende der bereits erschienenen Bände:

#___, ___, ___, ___, ___, ___, ___, ___, ___, ___, ___, ___

❏   ab der nächsten Neuerscheinung

❏   Außerdem bestelle ich folgende der bereits erschienenen Bände:

#___, ___, ___, ___, ___, ___, ___, ___, ___, ___, ___

❏   1 Ausgabe pro Band   ODER   ❏   ___ Ausgaben pro Band

Bitte senden Sie meine Bücher zur versandkostenfreien Lieferung innerhalb Deutschlands an folgende Anschrift:

Vorname, Name: _____

Straße, Hausnr.: _____

PLZ, Ort: _____

Tel. (für Rückfragen): _____ *Datum, Unterschrift:* _____

Zahlungsart

❏   *ich möchte per Rechnung zahlen*

❏   *ich möchte per Lastschrift zahlen*

bei Zahlung per Lastschrift bitte ausfüllen:

Kontoinhaber: _____

Kreditinstitut: _____

Kontonummer: _____ Bankleitzahl: _____

Hiermit ermächtige ich jederzeit widerruflich den *ibidem*-Verlag, die fälligen Zahlungen für mein Abonnement der Reihe **Integrale Pädagogik** von meinem oben genannten Konto per Lastschrift abzubuchen.

Datum, Unterschrift: _____

Abonnementformular entweder **per Fax** senden an: **0511 / 262 2201** oder 0711 / 800 1889 oder als **Brief** an: *ibidem*-Verlag, Julius-Leber Weg 11, 30457 Hannover oder als **e-mail** an: **ibidem@ibidem-verlag.de**

***ibidem*-**Verlag

Melchiorstr. 15

D-70439 Stuttgart

info@ibidem-verlag.de

www.ibidem-verlag.de
www.ibidem.eu
www.edition-noema.de
www.autorenbetreuung.de